NAS TRINCHEIRAS DA MOBILIDADE

NAS TRINCHEIRAS DA MOBILIDADE

SÉRGIO AVELLEDA

São Paulo, 2024

Para Lucas e Ana Luiza Marin Avelleda:

"O mundo, meus filhos, é longe daqui."

João Guimarães Rosa, *Grande Sertão Veredas*

Em memória de minha mãe, Maria Celina Costa Passos:

"Toda mãe vive de boa, mas cada uma cumpre sua paga prenda singular, que é a dela e dela, diversa bondade."

João Guimarães Rosa, *Grande Sertão Veredas*

E de meu pai, Rui Sérgio Avelleda:

"O senhor sabe? Já tenteou o ar que é saudade? Diz-se que tem saudade de ideia e saudade de coração..."

João Guimarães Rosa, *Grande Sertão: Veredas*

Para Afonso Dinis Costa Passos, o Tio:

"O senhor vá pondo o seu perceber. A gente vive repetido, o repetido, e, escorregável, num mim minuto, já está empurrado noutro galho. Acertasse eu com o que depois sabendo fiquei, para de lá de tantos assombros... Um está sempre no escuro, só no último derradeiro é que clareiam a sala. Digo: o real não está na saída nem na chegada: ele se dispõe para a gente é no meio da travessia."

João Guimarães Rosa, *Grande Sertão: Veredas*

Para Maria do Rocio Costa Passos, a Coca:

"Tem horas que penso que a gente carecia, de repente, de acordar de alguma espécie de encanto. As pessoas, e as coisas, não são de verdade! E de que é que, a miúde, a gente adverte incertas saudades?"

João Guimarães Rosa, *Grande Sertão: Veredas*

Para Natalia:

"Amor desse, cresce primeiro; brota depois."

João Guimarães Rosa, *Grande Sertão : Veredas*

"No real da vida, as coisas acabam com menos formato, nem acabam. Melhor assim. Pelejar por exato, dá erro contra a gente. Não se queira. Viver é muito perigoso."

"A lembrança da vida da gente se guarda em trechos diversos, cada um com seu signo e sentimento, uns com os outros acho que não se misturam."

"Ao que, digo ao senhor, pergunto: em sua vida é assim? Na minha, agora é que vejo, as coisas importantes, todas, em caso curto de acaso foi que se conseguiram – pelo pulo fino de sem ver se dar – a sorte momenteira, por cabelo por um fio, um clim de clina de cavalo. Ah, e se não fosse, cada acaso, não tivesse sido, qual é então que teria sido o meu destino seguinte? Coisa vã, que não conforma respostas."

"O correr da vida embrulha tudo, a vida é assim: esquenta e esfria, aperta e daí afrouxa, sossega e depois desinquieta. O que ela quer da gente é coragem. O que Deus quer é ver a gente aprendendo a ser capaz de ficar alegre a mais, no meio da alegria, e inda mais alegre ainda no meio da tristeza!"

João Guimarães Rosa, *Grande Sertão: Veredas*

ÍNDICE

Prefácio, por Geraldo Alckmin   **11**

Apresentação   **14**

Artigos   **17**

A partir da minha janela: uma visão da pandemia
da Covid-19 em Curitiba   19

O grande desafio do transporte público   23

Parados na contramão   30

Sua entrega, nosso engarrafamento   36

Uma saudade, uma cuíca e um marco legal   42

A gestão metropolitana da mobilidade urbana   45

Estabilidade e previsibilidade:
chaves para alavancarmos os investimentos   48

Não olhe para cima   51

Outra vez. Até quando?   54

A viagem não começa na estação   57

O sonho e a profecia   60

Não existe indústria da multa sem indústria
da infração no trânsito   67

Do serviço de massa para a experiência do usuário   64

A mobilidade urbana no novo governo   74

Para não perder o ônibus da história   77

A retomada dos trens intermunicipais de passageiros   84

Smart cities e os desafios da mobilidade urbana 88

E o trem? 91

O perigoso glamour da velocidade 95

Onde anda nosso usuário? 101

O tempo escorre pelas mãos 105

Transporte rodoviário de passageiros: um novo marco 112

Transporte de passageiros sobre trilhos:
público ou privado? 116

O papel crucial da COP28 e um plano diretor das
ferrovias 2024-2054 119

O trem Campinas-São Paulo é uma vitória de
toda a sociedade brasileira 123

UM DISCURSO **127**

Discurso redigido e proferido por ocasião da Sessão
Solene da Câmara Municipal de São Paulo em que foi
outorgado ao autor o título de Cidadão Paulistano,
em 01 de dezembro de 2022 131

PREFÁCIO

O tema da mobilidade é um dos mais relevantes na sociedade contemporânea, por sua influência na qualidade de vida das pessoas, na preservação do meio ambiente, no desenvolvimento econômico, na competitividade das empresas, na redução das desigualdades, nos impactos ao sistema de saúde, entre tantos outros aspectos. A capacidade de se deslocar de maneira eficiente e sustentável é fundamental para o acesso a oportunidades, serviços e recursos. Por isso, é essencial refletir sobre esse tema, estudá-lo, discuti-lo, entender o que pensam e propõem os especialistas. Um destes especialistas é justamente o autor desta obra, Sergio Avelleda, cuja brilhante trajetória nessa seara acompanho há muito tempo – inclusive tendo contado com sua valiosa colaboração durante meus mandatos como governador do Estado de São Paulo, quando ele foi gerente jurídico e, depois, presidente do Metrô de São Paulo.

Este livro, que reúne textos escritos ao longo dos últimos cinco anos, proporciona uma visão abrangente sobre as questões relativas à mobilidade, em especial à mobilidade urbana, embora o transporte interurbano de passageiros e o de cargas também sejam abordados.

Como é dito em um dos artigos, "no campo da mobilidade urbana, há desafios gigantes" – e é sobre eles que gostaria de tecer alguns comentários, beneficiando-me, para isso, das análises e opiniões sempre pertinentes de Avelleda.

A evolução tecnológica, envolvendo o desenvolvimento de veículos autônomos, a expansão de redes de transporte inteligentes e outros avanços, está batendo à nossa porta e sinalizando como será o futuro da mobilidade, com eficiência, segurança e sustentabilidade. Todos sabemos que investir em soluções inovadoras e infraestrutura adequada é essencial para superarmos os desafios atuais que enfrentamos nessa área. Contudo, é preciso ir além, porque estamos vivendo em meio a grandes transformações – tanto do ponto de vista da tecnologia, quanto do comportamento e do nível de exigência da sociedade –, que implicam a necessidade de um olhar mais amplo para aquilo que começa a ser implementado em outras regiões do mundo e para aquilo que ainda não existe, mas tem grandes possibilidades de se tornar realidade.

As palavras-chave para encarar esse tema, mais ainda do que Investimento, são Planejamento e Prioridade, que dependem da Sensibilização – da sociedade e dos agentes públicos e privados – sobre a importância de debatê-lo, como bem aponta o autor nas páginas que se seguem.

É preciso mudar! Não podemos nos conformar em ter uma infraestrutura aquém do necessário nem em manter sistemas e práticas que já se provaram ineficazes e insuficientes. Um país como o nosso não pode se contentar com uma malha de cerca de 1.100 km de trilhos dedicados ao transporte urbano de passageiros, extensão similar à da rede metroviária de apenas uma cidade chinesa, Shanghai. Da mesma forma, não é razoável a inexistência de uma rede de trens de passageiros conectando as principais cidades brasileiras. A falta de iniciativas relacionadas à integração multimodal – incluindo as bicicletas, que são uma das paixões de Avelleda, que as utiliza para os seus deslocamentos diários – é outra de nossas lacunas.

A lista de carências e demandas é longa, mas não pode nos desanimar ou levar à inação. Temos de agir o quanto antes, porque os benefícios advindos de planos de mobilidade bem estruturados se estendem a toda a população e ao planeta. Que o debate sobre o tema, provocado pelo autor, possa nos levar a encontrar e implantar soluções.

Geraldo Alckmin

**Vice-presidente da República e ministro
do Desenvolvimento, Indústria, Comércio e Serviços**

APRESENTAÇÃO

> "Abriu em mim um susto; porque: passarinho que se
> debruça – o voo já está pronto"
>
> João Guimarães Rosa, *Grande Sertão Veredas*

Este livro é uma coletânea de artigos, textos, *blogs* e reflexões publicados nos últimos anos.

Depois de mais de 22 anos trilhando profissionalmente os caminhos das cidades, pensei que era o momento de consolidar essas provocações em um livro, com toda a pretensão de imaginar que ele possa ser útil para tomadores de decisão, estudantes e interessados nesse tema que é um dos eixos centrais nos debates urbanísticos na atualidade.

Na verdade, o livro é uma síntese das ideias que fui construindo ao longo de mais de 20 anos de carreira na área de mobilidade urbana. E essas ideias são o reflexo de uma longa experiência profissional na área de mobilidade urbana. Tive a oportunidade de ser o único profissional a presidir o Metrô de São Paulo e a Companhia Paulista de Trens Metropolitanos (CPTM), entre 2008 e 2012.

Depois de passagens pelo setor privado, fui nomeado secretário de Mobilidade e Transportes da Cidade de São Paulo e, de lá, fui trabalhar em Washington, como diretor de Mobilidade Urbana no programa de cidades do World Resources Institute (WRI).

Durante a pandemia, me integrei ao Insper, onde coordeno o Observatório Nacional de Mobilidade Urbana do Laboratório Arq. Futuro de Cidades.

Finalmente, em 2021 fundei a Urucuia: Mobilidade Urbana, uma empresa de consultoria dedicada a fomentar a mobilidade sustentável, inclusiva e segura.

A rápida urbanização do planeta fez crescer imensas texturas urbanas espraiadas por todos os continentes. As cidades, a mim me parece, são organismos vivos que nascem, se desenvolvem, se reinventam ou morrem. O meu conterrâneo, o grande urbanista e prefeito Jaime Lerner, costumava dizer que as cidades, antes de serem os problemas, representam, na verdade, as soluções para os grandes problemas da humanidade.

Eu vejo a cidade como o palco do encontro. Vivemos em cidade, essencialmente, para partilhar nossos talentos, paixões e amores e para colher talentos, paixões e amores que viabilizam e construem a nossa história.

O crescimento das cidades fez com que, aos poucos ou repentinamente, depende da história de cada uma, as distâncias para que o palco do encontro se viabilize fossem crescendo, se multiplicando e se transformando em verdadeiras barreiras que tornam a vida menos partilhada, menos amorosa e mais amarga.

O grande desafio da mobilidade urbana, como o leitor poderá ver nos textos que formam este livro, é justamente diminuir as distâncias entre pessoas e cargas, ampliar as possibilidades de conexões, oferecendo sustentabilidade, segurança viária e inclusão social.

Não posso terminar de apresentar o meu livro sem expressar a gratidão a quatro homens públicos que, em diferentes momentos, confiaram em mim, no meu trabalho e na minha dedicação e terminaram por me dar as oportunidades que forjaram boa parte da minha história na mobilidade urbana. Geraldo Alckmin, que me honra prefaciando este livro, José Serra, João Dória e Bruno Covas.

Também quero expressar minha gratidão a Ani Dasgupta, atual presidente do WRI, que me levou para trabalhar nessa fantástica organização e me deu a oportunidade de ocupar o palco global da discussão da mobilidade urbana. Finalmente, minha gratidão a Tomas Alvim, que me convidou para atuar no Insper e é uma das pessoas mais brilhantes que conheci e que emprega seu brilhantismo para melhorar a vida das pessoas, quer seja nas cidades ou nas mais longínquas comunidades indígenas do Brasil.

Não haveria espaço nesta apresentação para agradecer a todas as pessoas com quem convivi, trabalhei, conversei, participei de painéis e debates, escrevi, desenhei, pensei e sonhei a mobilidade urbana sustentável, segura e inclusiva. Agradeço a todas e todos, porque com cada uma delas e deles eu aprendi esse quase nada que sei.

Espero que a leitura seja, antes de mais nada, prazerosa. E, se puder ser útil, a missão terá sido cumprida.

ARTIGOS

Foram reunidos nesta seção 25 artigos escritos entre 2020 e o início de 2024, publicados em variados espaços.

Optou-se por mantê-los em sua forma original, sem atualizações e alterações que poderiam desfigurar o seu sentido e o objetivo com o qual foram concebidos – e, o que seria pior, "corrigir" ideias apresentadas no calor da hora. Ao mesmo tempo, isso permite entender a situação existente naquele momento específico e como o autor se posicionava em relação a ela, o que confere aos textos, adicionalmente, um caráter de registro histórico.

Em função dessa decisão, em alguns casos, haverá estranheza em relação a um fato já superado ser tratado como questão a ser enfrentada ou uma previsão sobre algo que já ocorreu. O mesmo vale para o uso de tempos verbais (futuro para algo que já passou) ou advérbios como "recentemente". Nada disso afeta o conteúdo ou a sua compreensão.

A PARTIR DA MINHA JANELA: UMA VISÃO DA PANDEMIA DA COVID-19 EM CURITIBA[1]

Apesar da quarentena sem precedentes em que a maioria de nós se encontra[2], fui recentemente forçado a viajar para Curitiba, Brasil, por motivos pessoais.

Estou hospedado em um apartamento na Avenida República Argentina, próximo ao primeiro corredor de ônibus do mundo concebido como um sistema BRT (*Bus Rapid Transit*) – com faixas exclusivas, embarque em nível e veículos especiais. Este sistema inovador foi uma revolução no transporte público da época pela sua relativa acessibilidade, eficiência e integração com outras linhas de ônibus.

Hoje, Curitiba está em isolamento social para evitar a contaminação da Covid-19. Escolas e serviços públicos não essenciais estão fechados, muitas lojas estão fechadas e os idosos são desencorajados a sair de casa. O sistema BRT ainda está funcionando, mas com capacidade menor.

Observando a paisagem pela minha janela, vejo o corredor de ônibus sendo ocupado por ciclistas e pedestres. Os ciclistas utilizam as faixas do BRT para ir ao trabalho, entregar alimentos ou para lazer, e os pedestres, para fazer exercícios.

Curitiba é uma paisagem lúdica para mim, pois nasci nesta cidade e passei parte da minha primeira infância aqui. Lembro-me de quando o corredor foi aberto pela primeira vez. Minha mãe ti-

---

1. Artigo publicado em inglês na página *The City Fix*, em 19 de maio de 2020. Disponível em: https://thecityfix.com/blog/window-view-covid-19-pandemic-curitiba-sergio-avellela/ .Acesso em: 13 mai.2024.

2. Este texto foi escrito em maio de 2020, sendo mantido em sua forma original, sem atualizações. O mesmo ocorre com os demais textos deste livro.

nha medo de que as pessoas fossem atropeladas por ônibus que passavam rápido demais.

Construído e inaugurado no início da década de 1970, as faixas exclusivas do BRT proporcionaram uma melhoria significativa no tempo de viagem e um alto nível de confiabilidade. Ao mesmo tempo, todo o sistema de ônibus da cidade foi redesenhado e diversas linhas integradas em uma única organização. Os terminais começaram a conectar linhas alimentadoras a linhas estruturais, e os passageiros podiam alternar entre elas sem pagar tarifas adicionais.

O sistema tornou-se referência mundial. Mais de cem cidades foram inspiradas a construir sistemas BRT semelhantes. Ao longo de quase 50 anos, o sistema de Curitiba foi modernizado: ônibus mais longos (biarticulados), novos pontos de embarque pré-pago, sistemas de gestão de operações e sincronização com semáforos ajudaram significativamente a aumentar a capacidade e a manter a confiabilidade.

Um dos aspectos essenciais do sistema de Curitiba é que ele permitiu a densidade estratégica ao longo dos corredores BRT – conhecido como desenvolvimento orientado ao transporte público – um padrão ainda visível hoje nos imponentes edifícios ao longo de suas avenidas.

Agora, nas condições únicas de hoje, as faixas de BRT estão assumindo novos usos, à medida que as pessoas reivindicam espaço viário para caminhar e andar de bicicleta. Do ponto de vista da segurança, a mistura de ônibus com ciclistas e pedestres é perigosa e deve ser altamente desencorajada.

Mas há algo acontecendo aqui que merece ser ouvido. Costumo dizer nas minhas apresentações que as cidades são organismos vivos. Quando visitamos uma cidade com graves problemas de mobilidade, como congestionamentos significativos, é como ver um paciente com febre. A febre não é a doença, é apenas um sintoma. O congestionamento não é a doença; é o sintoma de cidades desconectadas, mal planejadas, com poucas áreas que misturam residências e oportunidades de emprego.

Quando olho pela janela e vejo as pessoas "invadindo" os corredores de ônibus de Curitiba e recuperando as ruas vazias da cidade para caminhar e andar de bicicleta, sinto que também estamos vendo os sintomas. Moradores pedem mudança de ruas. Dizem que precisamos de espaço para uma mobilidade mais segura, mais limpa e mais democrática. As pessoas me dizem que essa invasão do espaço da rua não é exclusiva deste período de isolamento social; tornou-se normal nos últimos anos. Este é um sinal de que as ruas devem ser redesenhadas para acomodar a todos.

Algumas cidades estão ouvindo. Paris anunciou um audacioso plano de ciclismo pós-Covid-19 que inclui novas infraestruturas, subsídios individuais para quem vai de bicicleta para o trabalho e um fundo para a recuperação e manutenção de bicicletas. Milão e Londres também anunciaram planos para expandir, pelo menos de forma semipermanente, o espaço para ciclismo e caminhadas após os bloqueios.

Esse deve ser o caminho para a retomada de nossas atividades. Devemos aprender a ouvir as pessoas e priorizar o uso do espaço para elas. A implantação de ciclovias e a melhoria da experiência dos pedestres em áreas estratégicas custa muito pouco em comparação com o investimento necessário para construir e manter estradas para automóveis. E os benefícios não se limitam aos ciclistas e pedestres. Estas medidas ajudam a reduzir a poluição atmosférica, a diminuir as emissões de carbono, a melhorar o acesso às oportunidades e a impulsionar as economias locais. Toda a cidade ganha com uma mobilidade mais limpa e segura.

O grande poeta brasileiro Carlos Drummond de Andrade disse em um belo verso que "a vida precisa de pausas". A tragédia da Covid-19 trouxe uma oportunidade única de fazer uma pausa no nosso estilo de vida e recomeçar de novas formas. As cidades devem aproveitar esta oportunidade para se reinventar, para reconhecer os sintomas da doença e para ter a coragem de experimentar novas abordagens.

O GRANDE DESAFIO
DO TRANSPORTE PÚBLICO[3]

O período pós-pandemia vai colocar à prova um dos elementos vitais das nossas grandes cidades. Os sistemas de transporte público estarão diante de desafios inéditos que colocam em risco a sua própria viabilidade.

A existência das cidades deriva de uma necessidade econômica, social e, também, psíquica: o desejo e a necessidade de conviver e compartilhar. O crescimento das cidades fez aumentar as distâncias e os tempos no espaço criado originalmente para o convívio. Para manter então a possibilidade do elemento que nos levou às cidades – convivência –, desenvolveram-se sistemas originalmente simples de mobilidade nos espaços urbanos. O aumento da complexidade do tecido urbano foi elevando também a complexidade dos sistemas de mobilidade – novos modais, integrações, desafios tarifários, mobilidade ativa e motorizada, serviços diferenciados, modalidades compartilhadas etc.

Além do paralelismo entre complexidade do tecido urbano e dos sistemas de mobilidade urbana, também podemos encontrar linhas paralelas entre riqueza e acesso e pobreza e falta de acesso. Estudo recente, publicado pelo WRI[4], mostra a diferença dos índices de acessibilidade em Johanesburgo e Cidade do México. Ali se vê como o acesso a empregos e oportunidades tem perfil completamente diferente em regiões de alta e de baixa renda. A população de baixa renda, em geral, para acessar as oportunida-

---

3. Artigo publicado em inglês pela *Slocat*, em 08 de julho de 2020. Disponível em: https://slocat.net/post-covid-recovery-major-challenges-for-public-transport/. Acesso em: 13 mai. 2024.

4. Disponível em: https://www.wri.org/wri-citiesforall/publication/mobility-access-all-expanding-urban-transportation-choices-global-south. Acesso em: 23 fev. 2024.

des de renda e trabalho, dependem dos sistemas de transporte público.

Antes da crise causada pela Covid-19, já observávamos uma dificuldade de os sistemas de transporte público encontrarem fontes de financiamento que lhes dessem fôlego para uma operação de qualidade e ao mesmo tempo viabilizassem investimentos para a ampliação do tamanho desses sistemas e uma contínua melhoria da qualidade. A falta de insumos financeiros provoca uma corrosão na qualidade de serviço, o que contribui para a perda de usuários e o agravamento da crise financeira. Ou seja, é um ciclo negativo autofágico.

A crise revelou diversas circunstâncias que limitam um sistema de mobilidade urbana de qualidade, inteligente e resiliente: limitações de fontes de financiamento, baixo nível de governança – especialmente nas áreas metropolitanas, falta de integração, superados modelos de contratação de operadores, desenho urbano que concentra trabalho e renda e espraia moradias, dentre outros.

Para este pequeno e singelo texto vamos focar em um desses elementos: o risco de colapso em razão da falta de fontes de financiamento. As fontes de financiamento dos serviços de transporte público, em geral, se resumem a duas: a tarifa paga pelo usuário e subsídios pagos pelos orçamentos públicos.

Quando cobramos tarifas dos usuários pelo uso do transporte público, estamos afirmando que eles são os beneficiários dos serviços e devem, portanto, fazer frente aos custos dos serviços. Quando buscamos recursos nos orçamentos públicos para o financiamento dos sistemas de transporte público, estamos afirmando que a existência desses sistemas promove um benefício para além dos seus próprios usuários. Reconhecemos, então, a existência de externalidades positivas geradas pelo uso do transporte público, de forma a justificar a transferência de recursos gerados pelos pagadores de impostos (nem todos os usuários dos serviços de transporte público). Podemos listar os principais benefícios: redução de congestionamento, de emissão de poluentes, de fatalidades no trânsito, aumento da competitividade e eficiência das cidades etc.

Contudo, essas duas fontes de financiamento não têm se mostrado suficientes, como se disse acima, para assegurar a prestação de serviço de qualidade. E, repita-se, a falta de um serviço de qualidade agrava a perda de passageiros e condena aqueles que não tem opção ao transporte público a ver diminuídas as suas condições de acessibilidade e a qualidade de vida.

Portanto, urge a elaboração e implementação de políticas públicas destinadas a proteger os sistemas de transporte público, entre elas a garantia e ampliação de fontes de financiamento.

As receitas tarifárias tendem a diminuir no período pós-Covid-19. As cidades chinesas que já deixaram as medidas de isolamento social para trás estão a nos ensinar que o número de passageiros transportados deverá ser menor do que antes da epidemia.

O medo da contaminação explica parte desses números, a redução da atividade econômica explica uma outra parte e o uso do trabalho remoto pode explicar uma terceira parte.

A redução do número de passageiros obrigará à adaptação da oferta dos serviços, o que poderá reduzir parte dos custos variáveis e fixos. Mas haverá uma redução de escala que poderá determinar o aumento do custo por passageiro transportado, gerando ainda maiores déficits.

Esses déficits vão elevar a pressão sobre os orçamentos públicos para a adoção ou ampliação de subsídios. O problema é que esses orçamentos estarão pressionados por uma série de outras demandas: serviços de saúde, perda de receitas derivadas da crise econômica, desafios habitacionais, programas de estímulo à economia, dentre outros.

Ou seja, não se pode contar com recursos provenientes nem da tarifa, nem de recurso públicos. Se concordamos que os sistemas de transporte público são essenciais e que não podemos permitir o seu colapso, temos, então, que buscar outras fontes de financiamento.

Acima referimos que os sistemas de transporte geram inúmeras externalidades positivas. Isso significa dizer que geram benefícios para outros que não apenas os seus usuários. Quando decidimos mover-nos em transporte público, estamos transcendendo os benefícios para além de nosso próprio entorno. Toda a sociedade se beneficia com a nossa decisão.

O uso do transporte motorizado individual gera externalidades negativas. Se quem decide se mover em carro desfruta dos benefícios do conforto e da privacidade, provoca para os seus concidadãos efeitos nefastos: ineficiência energética (mais de uma tonelada para mover 75 kg, em média), alta ocupação do espaço público, congestionamentos, poluição, riscos de fatalidades, dentre outros.

Há, portanto, uma carga de custos suportada por toda a sociedade quando alguém decide se locomover em transporte individual motorizado.

Fica bastante óbvio concluir aonde queremos chegar: é tempo de as cidades começarem a considerar a implantação de uma nova fonte de financiamento ao transporte público: a cobrança sobre o uso do transporte individual motorizado, destinando esses recursos ao financiamento da operação e investimentos no transporte público.

Algumas cidades já deram esse passo: Londres e Nova York são os exemplos mais conhecidos. A primeira já com larga experiência e Nova York, que recentemente aprovou, depois de anos discutindo, a implantação de uma taxa para acesso a Manhattan.

Na minha experiência como administrador público, vi muitas vezes políticos evitarem essa discussão por um temor da reação dos seus eleitores, usuários de automóveis e motocicletas. Ainda se vê o carro como um bastião da liberdade individual, o que alimenta o temor de se adotar qualquer medida restritiva para o seu uso.

Eu penso, contudo, que a reação negativa da sociedade à adoção de modelos de financiamento do transporte público tendo como fonte o uso do transporte motorizado individual vem, antes de mais nada, pela falta de informação de um elemento essencial.

Quanto a sociedade paga pelo uso do transporte individual motorizado?

Em geral, quando olhamos os orçamentos públicos nas cidades ou Estados onde há subsídio ao transporte público, localizamos com extrema facilidade uma linha orçamentária denominada "subsídio ao transporte público".

São Paulo é uma cidade que, desde 2005, paga subsídio como complemento ao quanto arrecadado pela tarifa. O subsídio garante um modelo de integração tarifária que aumentou significativamente a utilidade e o uso dos sistemas de transporte por ônibus e trens.

Todos sabem em São Paulo quanto se paga de subsídio e a sociedade discute esses valores: se é muito, se é pouco, se está pressionando ou não as demais despesas que o poder público precisa também suportar.

Contudo, não há nos orçamentos públicos uma rubrica orçamentária denominada "subsídio ao transporte individual motorizado". A ausência dessa linha orçamentária cria a sensação que não existe o tal subsídio. Ou seja, que nada custa ao poder público o transporte individual motorizado.

Ora, bem sabemos o quanto isso não é verdade. Milhares de quilômetros de asfalto precisam ser mantidos. Sistemas de engenharia e sinalização precisam funcionar 24 horas por dia. Há uma perda econômica brutal por conta dos congestionamentos. Há despesa com saúde pública decorrente das doenças respiratórias causadas pela poluição. Outras somas vultosas são gastas com feridos e mortos no trânsito. A seguridade social é chamada a indenizar os familiares dos mortos, os feridos e os vitaliciamente inválidos. São várias as despesas suportadas pelo poder público.

Ocorre, entretanto, que elas estão dispersas ou ocultas em linhas orçamentárias que nada têm a ver com "subsídio ao transporte individual motorizado". Não existindo a consolidação do número, ele permanece oculto, impedindo o debate sobre se é muito ou pouco, sobre se é justo ou injusto o pagador de imposto que não usa o transporte individual seguir subsidiando o seu uso.

Os orçamentos públicos devem consolidar os valores gastos com o transporte individual motorizado.

A meu ver, portanto, o primeiro passo para qualificar a discussão sobre medidas de financiamento do transporte público a partir da cobrança pelo uso de carros e motocicletas deve ser a consolidação das despesas com o transporte individual motorizado em uma única rubrica orçamentária, de forma a dar visibilidade e transparência a esses gastos.

Sendo visíveis e transparentes, será natural a discussão da justiça ou não de os contribuintes suportarem esses valores sem nenhuma contrapartida do usuário do transporte individual (por que exigimos contrapartida do usuário do transporte público – tarifa – e não fazemos o mesmo do dono do carro?).

Muito mais fácil ficará convencer a sociedade do quão correto é, sob a perspectiva da teoria econômica, estabelecer a cobrança do uso do transporte individual motorizado em favor do financiamento do transporte público.

PARADOS NA CONTRAMÃO[5]

É possível que alguma vez, numa roda de amigos em um bar no final de semana – quando podíamos nos reunir numa roda de amigos no final de semana, prazer que a responsabilidade impedirá até que a vacinação se complete –, você tenha ouvido algo assim: "Eu não uso transporte público no Brasil. É uma droga. Minha empregada me conta que passa mais de duas horas entre trem e ônibus para chegar ao trabalho. Nem pensar." E depois de muitos chopes, na hora de ir embora, lá está o amigo "crítico" entrando em seu automóvel, que pesa entre 1 e 2 toneladas – e, a 40 km/h, considerado o espaço necessário para frear e acelerar, poderá ocupar até 115 metros cúbicos das ruas e avenidas por onde passar, segundo estudo realizado na Suíça[6].

A constatação de que o transporte público no país é ruim, feita por alguém que não o utiliza, costuma se basear em preconceito. Discurso semelhante se ouve sobre o Sistema Único de Saúde. Nada presta para quem não usa – enquanto representa uma salvação para os usuários. O SUS não é uma maravilha, claro, mas resolve boa parte dos problemas de saúde pública no Brasil.

Os principais problemas da mobilidade urbana – conceito que abrange, além do transporte público, a caminhada, o uso da bicicleta, o veículo particular, os sistemas baseados em plataformas e a distribuição de bens e produtos – têm origem, curiosamente, fora da própria mobilidade urbana. Sempre digo que uma cidade com problemas de mobilidade é como um doente com febre. A

---

5. Publicado originalmente na *Revista Piauí*, em 22 fev. 2021. Disponível em: https://piaui.folha.uol.com.br/parados-na-contramao/. Acesso em: 13 mai.2024.

6. Disponível em: https://www.nytimes.com/2011/06/27/science/earth/27traffic.html. Acesso em 31 jan.2024.

febre não é a doença, é o corpo tentando alarmar sobre a existência de outro mal. No caso das cidades, aquelas que têm linhas de ônibus e metrô lotadas, congestionamentos e altos índices de acidentes de trânsito tentam desesperadamente dizer: "Fomos mal planejadas. Nosso crescimento foi irracional. As pessoas moram cada vez mais longe e as oportunidades de trabalho estão cada vez mais concentradas..."

A solução para esses problemas estruturais demanda não apenas vontade política e engajamento dos atores urbanos como também um longo, longuíssimo prazo. Enquanto isso, os sistemas de mobilidade urbana precisam receber investimentos e prioridade para viabilizar e democratizar o acesso nas cidades. Sem ele, a urbe perde competitividade e diversidade, correndo o risco de diminuir sua riqueza.

O investimento em transporte público é daquelas unanimidades em debates. Ninguém, de fato, anuncia hoje planos de governo dizendo que irá investir para que as pessoas possam usar mais carros; que os automóveis serão beneficiados com novas avenidas e viadutos; que se pretende retirar espaços de pedestres, de ciclistas (quase inexistentes) e do transporte público para oferecer aos veículos motorizados de quatro ou duas rodas. Tenho lido inúmeros projetos governamentais nos últimos anos e nunca encontrei nada parecido.

Entretanto, durante a execução de tais planos, vemos muito pouco apetite para realmente priorizar o transporte público. Não se investe o mínimo necessário, não se trabalha para equacionar o financiamento da operação dos serviços. Evita-se tomar espaço dos carros para a implantação de faixas de ônibus, que melhoram significativamente a eficiência desse serviço a um custo incrivelmente baixo. Não se moderniza a contratação de operadores privados e não se investe em tecnologia. Em regiões metropolitanas quase não há iniciativas para a implantação de gestão conjunta, apesar da farta literatura e experiências que mostram os incontáveis ganhos do uso de autoridades metropolitanas. Em resumo: sabemos de cor e salteado o que deve ser feito, porém quase não o fazemos. A pergunta na qual cada vez mais insisto é: por que o debate sobre transporte coletivo não anda – com o perdão do trocadilho – nas cidades brasileiras?

Não há espaço neste artigo para esgotarmos as possibilidades de por que não fazemos o óbvio, o que é sabido, ressabido e experimentado. Todavia, podem ser levantadas algumas das principais hipóteses.

Penso que uma das razões que nos fazem permanecer numa espécie de inércia é a falta de consciência da sociedade do conceito de externalidades nos sistemas de mobilidade. Externalidade é um efeito de uma determinada atividade que atinge outros, não afetando a atividade que a gera. Ela pode ser negativa, quando prejudica terceiros, ou positiva, se os beneficia.

O uso individual do automóvel é um forte gerador de externalidades negativas. Um carro pesa entre 900 kg e duas toneladas. Na média, nas cidades brasileiras, um automóvel transporta 1,1 passageiro. Ou seja, para mover algo ao redor de 80 kg, usa-se uma máquina que pesa até 24 vezes mais. O consumo de energia para mover essa pessoa, medido em megajoules[7], é entre 2,3 e 2,6 Mj/pass-km, mostram dados da ANTP (Associação Nacional de Transportes Públicos[8]). Se ela decidisse ir de ônibus, consumiria entre 0,6 e 0,8 Mj/pass-km. Esse excessivo consumo de

---

7. 1 megajoule (Mj) = 1 milhão de joules; 1 joule (J) por segundo = 1 watt (W).

8. Cf.https://www.antp.org.br/fretamento/vantagens-para-a-sociedade.html#:~:text=A%20compara%C3%A7%C3%A3o%20geral%20das%20efici%C3%AAncias,km%20(Goldemberg%2C%201998). Acesso em: 04 fev. 2024.

energia faz dos carros os grandes vilões da poluição urbana. E, para piorar, não se pode esquecer que automóveis ainda ferem e matam milhares de pessoas todos os dias.

Um estudo publicado pela Discourse Media[9], realizado em cidades canadenses, mostra que, se o deslocamento a pé custa para um indivíduo que está caminhando a quantia de 1 dólar, para a sociedade essa viagem custará 1 centavo de dólar. Se a decisão for se locomover por bicicleta, a proporção será de 1 dólar de despesa para o ciclista e 8 centavos de dólar para a coletividade. Caso nosso viajante decida ir de ônibus e essa viagem lhe custe o mesmo 1 dólar, a sociedade pagará 1 dólar e 50 centavos. Achou caro? Então veja o custo da viagem em carro individual. Se o nosso motorista desembolsa 1 dólar para uma viagem de automóvel, toda a sociedade arcará com 9 dólares e 20 centavos.

Surpreso? Pois é, nós não fazemos esse debate. A sociedade não tem noção do custo que suporta para que as pessoas se movam por meio de carros. Dou como exemplo a cidade de São Paulo. Se você entrar no *site* da prefeitura, vai identificar facilmente os valores pagos a título de subsídio ao transporte público. Está lá, em uma rubrica orçamentária específica. No entanto, tente levantar o gasto do Executivo municipal com o transporte individual motorizado. Você não vai encontrar. Nem em São Paulo nem, provavelmente, em nenhuma outra cidade do Brasil.

E, claro, não é que a despesa não exista. Existe e é gigantesca: é parte significativa dos gastos com todo o pavimento de 17 mil km de ruas e avenidas da capital paulista, placas de trânsito, semáforos e engenharia. Também se reflete no custo financeiro e humano com as mortes e os feridos – 60% das vagas de UTI no país são ocupadas por vítimas de acidentes de trânsito –, a po-

---

9. Disponível em: https://thediscourse.ca/scarborough/full-cost-commute. Acesso em: 04 fev. 2024.

luição, os congestionamentos, o uso do espaço público e outros custos tangíveis e intangíveis. Quando uma despesa não é conhecida, temos a sensação de que ela não existe. Se não incomoda a sociedade, não há razões para discuti-la. Se não discutimos, seguimos, como sociedade, pagando por ela, sem questioná-la. Em compensação, debatemos intensamente se o subsídio ao transporte público em São Paulo é muito, se é pouco, se é bem gasto, se pode ser mais bem aplicado etc.

Muitas cidades ao redor do mundo estão enfrentando esse debate. É justo que toda a sociedade subsidie o uso do veículo particular, que gera tantas externalidades negativas? É correto que o uso privado das vias públicas pelo automóvel continue sendo suportado por todos os pagadores de impostos, inclusive por aqueles que não têm carro? É justo que o motorista da SUV use o asfalto, os semáforos e estacione sem nada pagar enquanto o passageiro de ônibus, para ir de Guaianases para o Centro de São Paulo, tenha que desembolsar 4,40 reais?

Londres, Singapura e Nova York já estabeleceram cobranças dos usuários de veículos pelo uso da infraestrutura pública e estão empregando esses recursos para ampliar e melhorar o transporte público.

Essa discussão já foi superada nas rodovias. Nas principais estradas, o custo de sua manutenção é suportado exclusivamente pelos seus usuários. Não tem mais o menor eco na sociedade o discurso de eliminação dos pedágios. Todos já entenderam que esse modelo é muito mais justo. Recursos que eram drenados do orçamento governamental para a manutenção de estradas hoje podem ser alocados para outros serviços públicos. Alguém poderá dizer: mas eu já pago o IPVA. Lembrando que pagamento de imposto não tem relação com uso de infraestrutura pública. Você também paga IPTU e não tem água, luz, gás ou internet de graça por conta disso.

Por que não fazer essa discussão nas cidades? Por que não passar os custos de manutenção das vias de automóveis para os seus usuários e transferir esses recursos para investimentos no transporte público e/ou para redução do preço da tarifa, que beneficiariam muito mais gente, amplificariam e democratizariam o acesso, melhorariam o meio ambiente e diminuiriam a tragédia de mortos e feridos no trânsito?

SUA ENTREGA, NOSSO ENGARRAFAMENTO[10]

Como em tantas outras áreas, a pandemia de Covid-19 escancarou também os problemas de gestão da mobilidade nas grandes e médias cidades mundo afora. Pior: trouxe novas complicações, principalmente no quesito "carga urbana". O cenário recomenda reflexões e providências imediatas – para não sermos, com o perdão da imagem, atropelados no futuro.

Até o início da década de 2010, as questões mais espinhosas relacionadas ao deslocamento de pessoas e bens no perímetro urbano – e suas respectivas soluções – eram razoavelmente conhecidas. Do rol de problemas, sobressaíam-se estes: cidades mal desenhadas, concentrando empregos em poucas regiões, com oferta de moradias cada vez mais longe; linhas de transporte público lotadas e pendulares; gigantescos engarrafamentos; elevados índices de mortos e feridos no trânsito; poluição, barulho, ineficiência. Entre as saídas frequentemente adotadas, seria possível destacar: mais linhas de alta capacidade, como metrôs, trens e corredores; integração física, operacional e tarifária; faixas exclusivas de ônibus; limitação de velocidade; cobrança pelo uso de estacionamento nas vias públicas; maior número de ciclovias e de espaços para pedestres.

A rápida universalização de dispositivos eletrônicos da categoria *smart* popularizou soluções baseadas em plataformas tecnológicas que trouxeram mais atores e maior complexidade ao ambiente descrito no parágrafo acima. Sistemas de GPS que atua-

---

10. Publicado originalmente na *Revista Piauí*, em 10 ago.2021. Disponível em: https://piaui.folha.uol.com.br/sua-entrega-nosso-engarrafamento/. Acesso em 13 mai.2024.

lizam as condições do trânsito e guiam os motoristas por vias menos entupidas, informações sobre o transporte público em tempo real, transporte por aplicativo, bicicletas compartilhadas – os exemplos se multiplicaram. Some-se a isso uma capacidade quase infinita de dados disponibilizados para gerar decisões estratégicas e gerenciais, e o resultado não poderia ser outro: o florescimento de incontornáveis desafios.

No meio de toda essa revolução, o surto do Sars-CoV-2 tomou o planeta de assalto, provocando, em pouquíssimos meses, uma radical mudança de hábitos, a qual impactaria ainda mais a mobilidade urbana. Medidas de distanciamento social, o medo de contaminação e o trabalho remoto ruíram a demanda dos sistemas de transporte público. As compras virtuais, que já vinham crescendo, explodiram. Quem pôde ficar em casa aumentou a aquisição de mercadorias pela internet; as lojas que ainda não estavam no ambiente virtual aceleraram a sua incorporação. Nos Estados Unidos, as compras executadas por meios digitais e entregues na residência dos consumidores aumentaram 54% desde o começo da epidemia do novo coronavírus. Aqui, 70% dos brasileiros aumentaram seus gastos com compras on-line. Por força disso, a circulação de carga nos territórios urbanos cresceu sobremaneira.

As cidades são as grandes geradoras e destinatárias de todos os bens e produtos – estima-se que 80% deles tenham origem ou destino nas próprias urbes. A eficiência de uma cidade, sua sustentabilidade e capacidade de continuar progredindo dependem diretamente do quanto ela é capaz de distribuir suas mercadorias. Diante do isolamento social decorrente da pandemia, a relevância da logística urbana ficou ainda mais cristalina. Um hospital esgota seus insumos em 24 horas, e um supermercado pode ficar sem produtos se não for abastecido a cada três dias, para citar só dois casos de atendimentos essenciais.

No Brasil, a gestão da mobilidade urbana ainda carece da adoção de políticas públicas que gerem valor na cadeia logística. Geralmente, os gestores estão concentrados nas imensas e complexas demandas do transporte público, da segurança viária, da fluidez do tráfego, para não falar da mobilidade ativa. É natural que assim seja: elas são mesmo urgentes.

Nenhuma dessas demandas pode ser bem administrada se a carga urbana não for considerada entre elas com o mesmo nível de dedicação e foco. Não é difícil entender o porquê. Ninguém duvida que o transporte de produtos, crescente nas cidades, sublinhe-se, ocupe espaço, contamine o ar, promova ruído e contribua – muito – para a insegurança viária. No entanto, ele é decisivo para a economia, para atrair investimentos, para a renda – em última instância, para a inclusão social. A regulação da carga urbana é atividade multissetorial e deve ser elaborada com o objetivo de atender a todos esses fatores, que poderiam ser sintetizados em uma palavra: eficiência.

Torna-se imperioso assumir, antes de tudo, que a carga urbana é essencial. Com frequência se nota uma verdadeira "oposição" ao transporte de carga, um desejo de eliminá-lo ou, pelo menos, limitá-lo ao máximo, a fim de abrir espaço para carros e coletivos. É preciso disciplinar o uso do espaço viário, buscando a máxima eficácia de resultados, pois, como foi dito antes, não haverá eficiência na cidade se a carga demorar, for muito cara ou, ainda, tiver que ser transportada por dezenas de quilômetros todos os dias.

Assim, as urbes precisam desenhar bairros com espaços para centros logísticos. A ideia de proibir pequenos centros locais de distribuição e empurrá-los para longe da cidade, a fim de que "não incomodem", terá sempre como consequência a obrigatoriedade de se percorrer enormes distâncias diariamente até que a mercadoria chegue ao seu destino, prejudicando a eficiência e sustentabilidade da logística urbana. O desejo de carga entregue com poucas emissões de gases poluentes, de forma competitiva e rápida, passa necessariamente pela aceitação de centros logísticos espalhados por toda a geografia da cidade.

A febre do comércio virtual, com entrega em 24 horas, é tão perversa para a sustentabilidade quanto o uso do automóvel para ir à padaria a 600 metros de casa. O carbono por grama é assustadoramente alto quando um sistema logístico inteiro tem que ser posto em funcionamento para realizar uma entrega em prazo tão curto. As oportunidades de se juntarem mercadorias para transportá-las ao mesmo tempo, reduzindo desse modo a emissão de CO_2 por quilograma são praticamente eliminadas. E consolidar cargas passa, evidentemente, pela existência de maior quantidade de espaços logísticos. Eles podem ter dimensões modestas, reduzidas – suficientes para atender, por exemplo, a entrega de comida em um bairro. Muitos restaurantes, aliás, já estão implantando suas cozinhas em condomínios específicos para isso. A propósito, o atendimento ao cliente nesse tipo de demanda teria o potencial de abrir oportunidades para, por exemplo, ocupar espaços públicos abandonados. Os vãos embaixo de viadutos poderiam ser concedidos a plataformas que operam com *delivery* de comida para a implantação de pontos de agrupamento de carga, apoio e descanso dos entregadores. Em contrapartida, teriam de revitalizar aquelas áreas, não raramente tornadas "invisíveis" (como as populações que costumam morar nelas, desrespeitadas em seu legítimo direito a uma habitação digna).

As cidades precisariam igualmente apostar na construção de pequenos pontos de retirada de encomendas. Estações de metrô, terminais de ônibus e postos de gasolina poderiam receber armários automatizados para a entrega de cargas daquela região. Em vez de uma caminhonete ficar rodando pelo bairro para entregar produtos na porta de cada destinatário, ela se dirigiria a um centro de apoio, por assim dizer, e lá ocorreriam todas as retiradas. Um aviso no celular do cliente informaria a disponibilidade da carga. Com o mesmo aparelho, a pessoa capturaria um código que permitiria abrir o pequeno armário onde estaria a sua encomenda. Futurista demais? Não para a rotina digital de transações com a qual já convivemos cotidianamente.

Seria um equívoco pensar em uma legislação que apenas restringisse o tamanho de veículos ou horários de entrega. A carga é como água: ela sempre irá buscar o melhor caminho. Cidades que proibiram pequenos caminhões assistiram a uma explosão de caminhonetes (mais ineficientes); outras que vetaram tais veículos viram cargas serem entregues no porta-malas de carros (ainda mais ineficientes). A construção da regulação deve passar necessariamente pelos consumidores mais importantes: centros comerciais, restaurantes, lojas e supermercados. É preciso construir um consenso com os destinatários das cargas para disciplinar sua distribuição.

Na China, os caminhões representam 11% do total de veículos, contudo a contribuição deles para a contaminação do ar é desproporcional. São responsáveis por 19% dos hidrocarbonetos, 57% de NO_x[11] e 78% do material particulado. Para frear as emissões, além de diminuir a quilometragem percorrida por carga, muitas cidades de lá – e de outros países – têm criado distritos

---

11. NO_x são óxidos de nitrogênio gerados na combustão, reconhecidos como poluentes atmosféricos relevantes.

verdes, onde apenas veículos não poluentes podem ingressar. Isso incentiva a adoção de uma frota limpa e beneficia o clima e a saúde dos territórios urbanos.

Soluções de mobilidade ativa também seriam muito bem-vindas. Incentivar a troca de motocicletas por bicicletas tem potencial de forte impacto na sustentabilidade e eficiência.

Por fim, registre-se uma referência ao espaço público mais nobre e disputado das cidades: o meio-fio. Ele é uma "unanimidade". Todos querem o meio-fio. O ciclista deseja vê-lo garantir uma ciclovia, o pedestre gostaria de tê-lo resguardando uma calçada maior, o motorista de carro pensa no estacionamento, o usuário de ônibus sonha com a faixa exclusiva, o dono do restaurante imagina um espaço para mesas e cadeiras, a empresa de logística necessita ter onde parar para entregar suas cargas, taxistas e carros de aplicativo precisam embarcar e desembarcar seus passageiros. Desses usos, o menos defensável e mais prejudicial ao ambiente da mobilidade é o estacionamento privado. Compete a cada cidade alocar os espaços do meio-fio da maneira mais eficiente.

Uma política de gestão do deslocamento nos territórios urbanos que contemple desde a regulação consensual da carga e o incentivo a soluções sustentáveis e criativas, como a criação de pequenos centros locais de distribuição, até a atenção ao meio-fio, passando por frotas limpas e mobilidade, pode resultar em uma cidade mais bem equipada e inclusiva, com ampliação de oportunidades, tornando-a, desse modo, um lugar melhor para se viver – e enfrentar tempos de cólera, de infortúnios, de pandemias.

UMA SAUDADE, UMA CUÍCA E UM MARCO LEGAL[12]

Não é sem emoção que passo a ocupar este espaço na *Revista Ferroviária*. A emoção vem da saudade do amigo Gerson Toller, companheiro querido de trincheira em favor da mobilidade sustentável e de nossas ferrovias. Agradeço à Regina o convite para estar aqui, perturbando os leitores tão qualificados desta estimada publicação. Me vem à memória, agora, o nosso querido Gerson, no meu aniversário de 40 anos, animadamente tocando sua cuíca. Espero honrar você, Gerson, trazendo migalhas de contribuição para o fortalecimento da mobilidade e das nossas ferrovias.

Registradas a emoção e a saudade, passemos então a tratar do terceiro componente deste singelo texto: o novo marco legal do transporte público, proposto pelo senador Antonio Anastasia, atualmente em trâmite no Senado Federal.

Antes disso, me permito uma pequena digressão, a fim de trazer o leitor experiente desta revista à realidade que nos cerca na gestão dos sistemas de mobilidade urbana. Vivemos a pior crise da história do transporte público. A pandemia fez exacerbar uma conjuntura desfavorável que já vinha se apresentando mesmo antes do início das medidas de isolamento social: perda de passageiros, gestão dos contratos quase sempre feita gerando surpresas e pouca atenção ao equilíbrio, financiamento do serviço limitado à cobertura tarifária e uma imagem do serviço, em geral, ruim entre usuários e não usuários.

---

12. Publicado originalmente na *Revista Ferroviária*, edição de setembro-outubro/2021. Disponível em: https://revistaferroviaria.com.br/2021/12/uma-saudade-uma-cuica-e-um-marco-legal/. Acesso em 13 mai. 2024.

Com a pandemia tudo se agudizou. Os sistemas foram chamados a se manter operacionais para assegurar o mínimo funcionamento das cidades. Os custos pouco baixaram e a receita despencou. Reajustes tarifários foram congelados, enquanto o preço dos insumos disparou. Algumas cidades perceberam a necessidade de subsidiar os usuários, outras ainda não. Operadores estão falindo ou buscando o remédio da recuperação judicial.

Há uma crise grave e que demanda respostas urgentes e efetivas, sob pena de um colapso do sistema organizado e regulado de transporte público. Se temos críticas ao sistema formal, corremos o risco de que, em seu lugar, no caso de um colapso, venha algo infinitamente pior: clandestinos, sem padrões, sem regras, sem atendimento uniforme das diferentes regiões da cidade.

Uma das respostas que podem funcionar como medida de estabilização e, a partir daí, de prosperidade do transporte público é o projeto de lei, acima já referido, em trâmite no Senado Federal.

O transporte público tem *status* de direito constitucional, desde 2015. Foi-lhe atribuído, tardiamente, o mesmo nível de relevância que a educação, a saúde e a segurança pública. Contudo, nem de longe, ele tem o mesmo nível de comprometimento dos entes federativo na sua organização e financiamento. Por exemplo, ninguém imagina começarmos a cobrar consultas no SUS ou mensalidade nas escolas públicas. Os custos desses serviços são todos suportados pelos tributos pagos pelo conjunto da sociedade, que reconhece, assim, as suas externalidades positivas. Na mobilidade, porém, os custos, em geral, são cobertos apenas pelos usuários, o que torna o sistema vulnerável a oscilações de demandas e impõe restrições severas de investimento na qualidade do serviço.

O projeto de lei se propõe a organizar o setor com o detalhamento dos componentes e diferentes serviços dos sistemas de mobilidade urbana, estabelecendo elementos distintivos que podem facilitar muito a organização dos sistemas locais. Acrescenta à Política Nacional de Mobilidade Urbana um dever de priorizar espaços nas vias (corredores e faixas exclusivas) para os sistemas sobre pneus.

Entre os grandes dramas de um sistema que depende da receita tarifária para sobreviver, estão a instabilidade e a prática de fixação de preços como política pública e social, ou populista. O projeto fixa regras claras para a estabilização da política tarifária, garantindo a quem presta serviço o mínimo essencial em qualquer atividade econômica: previsibilidade.

Para além da estabilidade, o projeto assegura uma racionalidade no cálculo da remuneração muito mais sofisticada do que a simples quantidade de passageiros transportados, que, além de trazer um risco de demanda ao prestador do serviço, também desestimula a busca pela qualidade e eficiência. Parâmetros como custos, qualidade e produtividade passam a compor o valor da remuneração dos operadores.

O projeto está em discussão no Senado Federal, aberto, portanto, a contribuições e emendas. Todos os que militam em favor da sustentabilidade e qualidade do transporte público devem centrar esforços para contribuir para o debate. É a nossa tarefa mais importante neste momento.

A GESTÃO METROPOLITANA DA MOBILIDADE URBANA[13]

Imagine, caro leitor, uma cidade como São Paulo. 11 milhões de habitantes espalhados por 1.522 quilômetros quadrados. A administração de São Paulo está dividida em 32 subprefeituras, algumas das quais administram população superior a muitas cidades médias brasileiras. Essa divisão dá-se especialmente em termos de zeladoria. Cada subprefeitura faz a gestão da limpeza pública, manutenção de vias etc.

Vamos agora imaginar que a cidade decida descentralizar a gestão de seu transporte público. Cada subprefeito será responsável por planejar seu sistema de transporte público, trânsito e gestão da logística urbana. O subprefeito da Sé irá planejar as linhas de ônibus da sua área, definir o sistema de bilhetagem, o preço da tarifa, as velocidades máximas de cada uma das vias e, ainda, o horário de entrega de mercadorias, bem como o padrão dos caminhões que serão aceitos em sua área. Os outros 31 subprefeitos terão as mesmas competências.

Não é difícil imaginar o tormento que seria a vida do cidadão paulistano em uma cidade assim. Teria que ter o cartão da Sé, pagar uma tarifa cheia para ir até São Miguel Paulista. Lá chegando, com outro cartão, pagaria uma segunda tarifa cheia para embarcar no ônibus daquela subprefeitura. E as linhas intersubprefeituras? Essas ficarão a cargo do prefeito, que estabelecerá o 32º cartão, com outras tarifas não integradas.

---

13. Publicado originalmente na *Revista Ferroviária*, edição de novembro-dezembro/2021. Disponível em: https://revistaferroviaria.com.br/2022/02/a-gestao-metropolitana-da-mobilidade-urbana/. Acesso em 13 mai.2024.

E, como cada qual cuida de si, as linhas acabarão competindo entre si, uma tomando passageiros das outras.

O custo será muito mais elevado, a qualidade muito inferior, o usuário vai se deparar com uma infinidade de tarifas, cartões, regras e integrações. Em pouco tempo, os usuários vão descobrir que comprar uma motocicleta é mais barato e mais eficiente para os deslocamentos. Um caos total.

Pois é, paciente leitor. Abra um pouco o foco do nosso objeto de observação, aterrisse do mundo imaginário descrito nos parágrafos anteriores e se aproxime da realidade das regiões metropolitanas brasileiras.

Sigamos, pois, com o exemplo da megalópole da região metropolitana de São Paulo. São 39 municípios, onde vivem 23 milhões de pessoas, num tecido urbano já completamente conurbado. Sempre desafio alguém a me apontar, com exatidão, as divisas entre as cidades. Viraram ficção político-administrativa.

Apesar disso, a mobilidade urbana dessa área é administrada da mesma forma que descrevi nos primeiros parágrafos quando convidei o leitor a imaginar a cidade de São Paulo com uma gestão descentralizada. São 39 prefeitos com autonomia plena para desenhar suas linhas, definir tarifas, sistemas de bilhetagem, velocidades máximas e regras para a logística urbana. O governo do Estado responde pelo transporte de passageiros sobre trilhos e pelas conexões intermunicipais. Ou seja, 40 autoridades, cada uma agindo de acordo com seus próprios interesses. Não há como ser eficiente, econômico e de qualidade.

Sequer temos um órgão colegiado no qual o planejamento e determinados padrões sejam discutidos e aplicados pelas prefeituras e pelo governo estadual. No Brasil, não temos nenhuma

Autoridade Metropolitana de Transportes, tal qual vemos em cidades como Nova York, Paris ou Madrid. Recife e Goiânia são exemplos de embriões de gestão metropolitana, com iniciativas louváveis e bastante interessantes, mas ainda tímidas do ponto de vista de integração completa.

Quando fui secretário de Transportes e Mobilidade em São Paulo, criamos, com outros colegas da região metropolitana, o fórum metropolitano de secretários, e ainda reativamos um comitê integrado com o governo do Estado. Contudo, as iniciativas não foram suficientes para levar à frente a criação da Autoridade Metropolitana. Cheguei a dar entrevistas dizendo que eu estava defendendo a extinção do meu próprio cargo.

As iniciativas ao redor do mundo, referidas acima, demonstram com dados e números, as inúmeras vantagens para o poder público, para os operadores e, fundamentalmente, para os usuários da unificação do planejamento, gestão e operação dos sistemas de trânsito, mobilidade e transporte em áreas conurbadas.

Não é difícil entender: fim da competição entre linhas, unificação dos sistemas de bilhetagem, política tarifária integrada, unificação dos recursos de investimento, da política de segurança viária e das regras para distribuição dos produtos.

Contudo, tais benefícios, mostra a experiência, não cairão do céu. É preciso um trabalho árduo para trazer esse debate à sociedade, sensibilizar os agentes políticos e privados. Eu vejo a crise que se abate sobre o transporte público, especialmente a crise de financiamento, como a oportunidade para alavancar a implantação da metropolitanização da mobilidade.

ESTABILIDADE E PREVISIBILIDADE: CHAVES PARA ALAVANCARMOS OS INVESTIMENTOS[14]

Na semana passada circulou nos grupos de mobilidade no Brasil a notícia de que, na disputa de um contrato de PPP para a construção e operação de um sistema de VLT, na cidade de Haifa, em Israel, seis consórcios de empresas de todo o mundo se habilitaram para disputar o contrato. Chamou a atenção a notícia pela capacidade do projeto de atrair seis diferentes grupos empresariais dispostos a tomar o risco da construção e da operação de um sistema de mobilidade urbana, sempre sensível do ponto de vista de demanda e riscos de engenharia.

O Brasil iniciou sua experiência em PPPs e projetos estruturados para construção e/ou operação de sistemas de mobilidade urbana sobre trilhos em 2006, com a assinatura do contrato de PPP para a Linha 4-Amarela do Metrô de São Paulo. Anteriores à Linha 4, foram as concessões comuns dos sistemas de metrô e de trens de passageiros no Rio de Janeiro (SuperVia e o Metrorio).

De lá para cá, foram concedidas a linha 6 (PPP integral), as linhas 5 e 17 e as linhas 8 e 9 (todas de São Paulo), bem como o VLT do Rio de Janeiro.

Aparentemente, estamos caminhando bem na capacidade de atrair investimento privado para a ampliação e modernização dos sistemas sobre trilhos, assim como a eficiência e agilidade da gestão privada para as respectivas operações.

---

14. Publicado originalmente na *Revista Ferroviária*, edição de janeiro-fevereiro/2022. Disponível em: https://revistaferroviaria.com.br/2022/03/estabilidade-e-previsibilidade-chaves-para-alavancarmos-os-investimentos/. Acesso em 13 mai.2024.

Contudo, um olhar mais apurado e detalhista irá encontrar uma série de limitações que, se fossem removidas ou mitigadas, poderiam acelerar ainda mais a capacidade de atrair grupos privados, incrementando a expansão – tão necessária para as cidades brasileiras – dos sistemas de mobilidade de alta capacidade.

O Brasil todo conta com uma malha de 1.116 km de trilhos dedicados ao transporte urbano de passageiros. É quase a mesma extensão do Metrô de Shanghai. É muito pouco diante das necessidades das cidades brasileiras, que cresceram levando as moradias para as franjas das metrópoles, deixando as centralidades econômicas concentradas em poucas áreas.

Poucos grupos econômicos têm estrutura, experiência e capacidade de arregimentar recursos financeiros, de engenharia e humanos para liderar projetos dessa natureza. E, infelizmente, o Brasil perdeu alguns destes grupos nos recentes anos, tragados por operações policiais e judiciais.

Além disso, o mundo todo disputa os mesmos grupos e capitais, cada país oferecendo seus projetos. Ou seja, concorremos com outros países na disputa pelos recursos disponíveis.

Para ganharmos a competição internacional pela atenção e pelo engajamento de grupos econômicos para os nossos projetos, é preciso repensar a nossa capacidade de oferecer os valores que estes grupos procuram, adequando-os aos nossos interesses.

O principal valor que deveríamos assegurar para atrairmos mais e mais investimentos qualificados e amplificarmos a concorrência na disputa por nossos projetos é a estabilidade regulatória dos contratos.

Temos um gigantesco déficit de governança na gestão dos contratos estruturados. Em São Paulo, por exemplo, o contrato da PPP da Linha 4, delineado em 2015 e assinado em 2016, já previa a constituição de uma agência reguladora independente. Até os dias de hoje, a gestão de todos os contratos de mobilidade sobre trilhos do governo de São Paulo segue sob responsabilidade de uma comissão vinculada diretamente ao poder concedente. No Rio de Janeiro, onde existe uma agência reguladora, assistimos, recentemente, o poder concedente contestar e suspender reajustes tarifários, levando a concessionária Supervia à proximidade da inviabilidade financeira para a operação do sistema.

Os órgãos de controle, por vezes, também não contribuem para agregar estabilidade e previsibilidade à gestão contratual, agregando riscos adicionais aos projetos, que terminam por desestimular o interesse de grupos que, olhando projetos em todo o mundo, tendem a evitar as turbulências e procurar, se não céus de brigadeiro, ao menos rotas onde o inesperado não seja uma presença constante.

É preciso começar a contabilizar os custos do não fazer. Quanto custa para a riqueza do nosso Brasil não expandirmos a nossa rede sobre trilhos? Quantas oportunidades são perdidas no não fazer? Focamos sempre nos eventuais custos adicionais de contratos. Não que não devamos evitá-los. Mas sonegamos completamente o cálculo do custo do não fazer.

Reformar nossa governança sobre projetos estruturados, oferecendo o básico, estabilidade e previsibilidade, é a tarefa mais importante se quisermos mesmo nos apropriar de capital e *expertise* privados para a expansão da nossa acanhada rede de trilhos para transportar passageiros.

É, talvez, a tarefa mais importante da nossa geração.

NÃO OLHE PARA CIMA[15]

O planeta vive uma emergência de escala global que atinge a todos os seus habitantes, sem exceção. Não me refiro à pandemia da Covid-19. O aumento da temperatura na Terra é um fato incontestável. A ciência também já logrou provar que a causa desse aquecimento é a atividade humana, especialmente a produção de gases que ocasionam a retenção de calor.

O setor de transportes é responsável por 24% das emissões das emissões de CO_2, o principal contribuinte para o aquecimento global. Para limitarmos esse aquecimento a 1,5 grau Celsius, é preciso cortar as emissões em 90% até 2050. Essa é uma tarefa de toda a humanidade, e não apenas de um grupo de países, de algumas indústrias ou de alguns cidadãos.

A tendência mundial tem sido promover a substituição dos veículos movidos a combustão interna para a eletricidade. A indústria global tem oferecido, progressivamente, soluções cada vez mais confiáveis e com menor custo de investimentos. Os custos operacionais dos veículos elétricos já são significativamente mais baixos do que os daqueles que utilizam combustíveis fósseis.

A maneira mais eficiente de zerar as emissões no transporte é priorizar os deslocamentos a pé e em bicicletas. Para isso, o redesenho urbano, com a criação de múltiplas centralidades econômicas, reduzindo as distâncias entre as zonas residenciais e aquelas onde estão as ofertas de trabalho, é a forma radical de atacar esse problema.

---

15. Publicado originalmente no portal *Mobilidade Estadão*, em 09/02/2022. Disponível em: https://mobilidade.estadao.com.br/inovacao/nao-olhe-para-cima/. Acesso em 13 mai.2024.

Contudo, é preciso também eliminar as emissões no transporte motorizado e dar prioridade ao transporte público.

Aqui, na América Latina, dois países são exemplares na liderança continental no que se refere à transição para uma mobilidade limpa no transporte público. A capital do Chile, a belíssima Santiago, já adquiriu mais de 1.750 ônibus elétricos. Bogotá, a também bela capital da Colômbia, já adquiriu mais de 1.500 unidades elétricas.

O Brasil possui, atualmente, menos de 100 ônibus urbanos elétricos, a bateria, em um universo de mais de 100.000 veículos. Vale lembrar que o PIB do Chile representa 19% do brasileiro e o da Colômbia não chega a 24% da nossa riqueza. Está claro que não é o tamanho da economia de um país que determina a sua capacidade de cortar carbono do seu sistema de transporte.

Qual, então, a diferença entre Chile e Colômbia e o Brasil? Penso que é o nível de engajamento do governo nacional de cada um dos países.

Os projetos de eletrificação das frotas de ônibus urbanos dos dois países aqui referidos foram liderados pelos governos nacionais. Cada qual a seu modo, mas tendo em comum a liderança, o compromisso, a elaboração de política pública com começo, meio e fim.

No Brasil, porém, sente-se falta da liderança do governo central na estratégia nacional de eliminação do carbono na mobilidade urbana. Nosso país tem capacidade econômica, tecnológica, industrial, além de mercado, para ser o líder, não continental, mas global, na aquisição e na produção de ônibus elétricos. Poderíamos não apenas já ter cidades mais limpas e sustentáveis, mas também gerar emprego e renda com uma indústria capaz de abastecer o mercado interno e, ainda, consolidar-se como uma plataforma exportadora, produzindo divisas e riqueza.

Até recentemente, o BNDES tinha uma linha de crédito para projetos de baixo carbono que era quase nada mais barata do que a existente para projetos convencionais, mas tinha exigências de garantias mais rigorosas e prazos menores para pagamento. Ou seja, era uma linha "para inglês ver".

O regime fiscal dos ônibus e caminhões elétricos é idêntico ao dos veículos poluentes e, para carros leves – acredite se quiser –, paga-se mais imposto no elétrico do que no a combustão.

Aqui ainda vendemos o obsoleto motor Euro V, abandonado há muito no resto do mundo, especialmente nos países desenvolvidos. Sequer chegamos ao Euro VI, previsto para o ano que vem, mas com várias demandas de adiamento. E o pior, exportamos Euro VI, mas não o adotamos aqui no mercado interno.

Enquanto isso, o professor Paulo Saldiva, do Laboratório de Cidades do Insper, constata que São Paulo perde 4 mil pessoas por ano em decorrência de doenças causadas pela poluição atmosférica.

É impossível não se sentir no filme *Não olhe para cima*. O cometa do aquecimento global está vindo em nossa direção, em alta velocidade. Ainda podemos desviá-lo. Mas é preciso liderança nacional para nos livrar de uma ameaça real, comprovada e catastrófica.

OUTRA VEZ. ATÉ QUANDO?[16]

O Brasil está perto de aprovar um subsídio aos combustíveis que consumirá a bagatela de R$ 35,2 bilhões de reais dos cofres públicos. Subsídio, trocando em miúdos, é o direcionamento de dinheiro gerado pelos contribuintes para determinado setor da economia. Segundo o jornal *O Globo*, estes recursos equivalem ao necessário para a conclusão de 13.216 projetos de mobilidade urbana, que, em 2020, receberam apenas R$ 128 milhões.

Esses são os projetos que constam no Plano Plurianual e que, se implantados, resultariam em transporte público mais eficiente, trânsito mais seguro e, naturalmente, muito menos consumo de combustível.

A concessão de subsídio é uma decisão política, que determina a alocação de recursos gerados pelos contribuintes para alguma atividade econômica específica, destinada a promover o seu desenvolvimento ou a sua aceleração, por diversas razões.

O transporte público, por exemplo, na cidade de São Paulo, é beneficiário de subsídio público. Aloca-se parte dos recursos dos contribuintes paulistas para reduzir o valor da tarifa paga pelo usuário. Com isso, amplificam-se a utilidade do sistema de transporte e o acesso na cidade. Ganha a economia, porque mais acesso significa maiores oportunidades e mais eficiência para os agentes econômicos. Ganha o orçamento público, que economiza em gastos com o transporte individual. E ganha o usuário, que compromete menos o seu orçamento com as despesas alocadas para o seu deslocamento.

---

16. Publicado originalmente na *Revista Ferroviária*, edição de maio-junho/2022. Disponível em: https://revistaferroviaria.com.br/2022/07/outra-vez-ate-quando/. Acesso em 13 mai.2024.

No caso do anunciado subsídio aos combustíveis, é necessário, inicialmente, observar a razão da sua concessão. O mundo assiste a uma valorização do petróleo. Em 31 de maio de 2022, o barril do petróleo Brent era vendido a 69 dólares. No dia 27 de junho, foi comercializado a 116 dólares, um aumento de 62%.

De outro lado, desde 2016, o Brasil adota uma política de preços em que todas as variações do preço internacional do petróleo e cambiais são repassadas aos consumidores locais. Pouco importam os reais custos de produção do petróleo no Brasil. Com isso, o lucro da Petrobras disparou, uma vez que nem todos os seus custos são impactados pelas variações acima descritas. Ou seja, no fim do dia, são os acionistas da empresa petrolífera que capturam os ganhos decorrentes das oscilações. E quem paga a conta é o consumidor.

O Poder Executivo e o Poder Legislativo, em vez de discutir a viabilidade dessa política de preços e, de forma mais estratégica, a dependência da economia em relação aos combustíveis fósseis, com fins evidentemente eleitoreiros, preferem alocar recursos dos contribuintes para manter as margens da Petrobras e reduzir o custo para os consumidores.

Logo se percebe que os destinatários do subsídio não são os consumidores de combustíveis, como pode parecer em um primeiro momento. No caso, quem se beneficia são os acionistas da Petrobras, uma vez que a lógica é a manutenção das suas margens, hoje pagas pelos consumidores e que, amanhã, com o subsídio, serão custeadas pelos consumidores e pelos pagadores de impostos.

Valerá a pena? A alocação de tais recursos fará a economia mais eficiente, mais competitiva e mais preparada para enfrentar os desafios de aumentar o crescimento e melhorar a infraestrutura? Por óbvio que não. Serão recursos queimados (literalmente) para manter a lucratividade dos acionistas da Petrobras.

Uma crise como essa, em um país que tem olhos no seu futuro, deveria levar a ações concretas para soluções que resultassem na redução da dependência do petróleo, promovendo investimentos em ferrovias, por exemplo, que podem contribuir para um transporte muito mais sustentável, eficiente e barato. A CNT (Confederação Nacional do Transporte) estima que ao redor de 65% da carga no Brasil é transportada por caminhões, enquanto apenas 23% se valem das ferrovias. Um trem consome 30% dos insumos de um caminhão no transporte de carga.

Na mobilidade urbana, as cidades brasileiras poderiam ser muito mais eficientes em termos de consumo de combustível, se mais metrôs, trens e BRTs estivessem em operação. A transferência de recursos do governo federal para esses projetos poderia determinar uma aceleração da sua implementação, contribuindo decisivamente para uma redução significativa do consumo de combustíveis. Um plano nacional de mobilidade sustentável poderia alocar recursos e apoio técnico para destravar investimentos que gerariam empregos e um salto na infraestrutura de mobilidade, capaz de ampliar a inclusão, o acesso e a eficiência das cidades.

Ao focar o esforço de enfrentamento da crise do petróleo no subsídio aos acionistas da Petrobras e de suas congêneres, o poder público parece aplicar um anestésico em um paciente em estado crítico, com doença grave e risco de vida. Perde-se, outra vez, a oportunidade de promover investimentos estratégicos e decisivos para alçar nossa infraestrutura de transporte e mobilidade a patamares muito mais sustentáveis e eficientes. Outra vez. Até quando?

A VIAGEM NÃO COMEÇA NA ESTAÇÃO[17]

Os sistemas de transporte público, mesmo antes da pandemia, assistem a uma diminuição do número de passageiros. A diminuição vinha ocorrendo lenta e gradualmente até o fatídico mês de março de 2020, quando perdemos até 75% da demanda, em razão das necessárias medidas de distanciamento social. Agora, paulatinamente, graças à ciência que desenvolveu a vacina em tempo recorde, os passageiros estão voltando. Mas em ritmo ainda distante dos números pré-pandemia.

Antes um desafio, agora uma questão de sobrevivência, recuperar e trazer novos passageiros é uma tarefa árdua. Costuma-se dizer, entre os transportistas, que passageiro perdido é passageiro sem volta. Não penso assim. Várias são as ferramentas que podemos utilizar para induzir o uso do transporte público e, também, seduzir as pessoas para que adotem deslocamentos coletivos em lugar dos modos individuais. Priorização do espaço das vias ao ônibus e vans, subsídio para redução das tarifas, tarifas integradas, cobrança pelo uso das vias como estacionamento privado, restrição à circulação dos automóveis talvez sejam as mais clássicas.

Deveríamos, antes de mais nada, incorporar um lema muito utilizado na pandemia: "toda vida importa". Penso que devemos incorporar o mesmo lema à gestão pública ou privada dos sistemas de transporte: "todo usuário/cliente importa". O tempo do usuário cativo, sem opção, que pagava passagem para viajar de trem e metrô, porque outra opção não lhe restava, está acabando.

A proposta do artigo deste mês é uma reflexão sobre um elemen-

---

17. Publicado originalmente na *Revista Ferroviária*, edição de julho-agosto/2022. Disponível em: https://revistaferroviaria.com.br/2022/09/a-viagem-nao-comeca-na-estacao/. Acesso em 13 mai.2024.

to que não é priorizado nas políticas do poder público e também dos operadores privados: identificar o início da jornada de viagem do cliente e buscar proporcionar a ele uma experiência que o induza a escolher os nossos metrôs e sistemas de trem.

Para você, caríssimo leitor, em qual momento o nosso pacato cidadão começa a ser usuário ou cliente de um sistema de transporte sobre trilhos? A resposta tradicional poderia ser: no momento em que ele ingressa na estação ou no terminal. Uma visão mais holística e preocupada em ampliar o acesso aos nossos sistemas deveria ser: "quando ela ou ele calçam os sapatos e decidem como fazer a respectiva viagem".

Se pensássemos assim, o mesmo afinco que dedicamos à limpeza e manutenção dos nossos trens e estações adotaríamos para que o caminho entre a casa do nosso potencial cliente e o acesso às nossas estações fosse convidativo, confortável, seguro e integrado.

Uma rede de calçadas com os atributos descritos acima e que conduza virtualmente um usuário para um equipamento de metrô pode convencê-lo a trocar o carro pelo metrô. Calçadas limpas, desobstruídas, sinalizadas (em tantos minutos, você estará na Estação Trianon-Masp, por exemplo), seguras e iluminadas. A circulação de automóveis, a despeito dos aplicativos de GPS, é sempre muito bem sinalizada, sobre direções e distâncias. Qual cidade brasileira oferece aos pedestres sinalização similar?

Os sistemas de metrô deveriam cobrar das prefeituras e proprietários, ou até executar por conta própria, as obras e os investimentos para que as calçadas sejam fios condutores dos usuários para dentro das estações e, ao fim da viagem, de dentro delas para os principais destinos e fluxos.

Quando fui secretário de Mobilidade em São Paulo, tivemos a

oportunidade de implantar uma rua completa, a Joel Carlos Borges, ao lado da estação Berrini da CPTM. Ampliamos as calçadas, projetamos um mobiliário urbano convidativo para as pessoas andarem e permanecerem na rua. Outros projetos como esse deveriam ser multiplicados ao redor das estações de trem e metrô.

Quantas estações de metrô têm bicicletários? Qual sistema de metrô aceita integrar (fisicamente e na tarifa) os sistemas de compartilhamento de bicicleta? Já pensou: uma viagem de *bike* e metrô, conjugada, oferecendo descontos nos dois modos?

Quantos estacionamentos conveniados com as estações de metrô temos no Brasil, oferecendo descontos para que o usuário estacione o carro e embarque nos trens, complementando e integrando a viagem, diminuindo a distância percorrida com seu automóvel?

Quais metrôs compartilham dados de posicionamento real de trens para que aplicativos ofereçam aos potenciais usuários uma capacidade de planejamento de viagem com a qual sua chegada na estação coincida exatamente com a partida do seu trem?

Nunca vi publicidade do metrô, no Waze, por exemplo, dizendo ao motorista: "Se você estivesse no metrô, já teria chegado faz tempo..." Mas já vi publicidade de motocicleta em sistemas de metrô, oferecendo liberdade em troca da lotação.

O nosso usuário está em casa, neste momento. Pensando em como ir para o trabalho amanhã, repetindo, em geral, o seu comportamento habitual. Não vamos mudar esse hábito, trazendo-o para os sistemas coletivos, se ficarmos esperando-o na estação. É preciso buscar a alma e o coração desse potencial usuário onde ele está, oferecendo caminhos seguros, convidativos e favorecendo a integração multimodal. Usuário não vai cair do céu.

O SONHO E A PROFECIA[18]

O paciente leitor desta coluna está em posição extremamente privilegiada em relação ao seu escriba. Quando ler este artigo já saberá quem triunfou nas eleições de 30 de outubro, enquanto quem o escreve ainda desconhece o resultado. Essa diferença entre o tempo em que se escreve e o tempo da publicação, além do privilégio dado ao leitor, também permite ao escritor o direito de sonhar.

Sonhei, em primeiro lugar, que o resultado das eleições foi respeitado, os vencedores comemoraram e os derrotados se conformaram em ocupar o importante espaço da oposição. Democracia se faz com situação e oposição, mas, principalmente, com respeito ao procedimento e às regras do jogo.

Depois, no meu devaneio, eu vi o novo presidente anunciando a recriação do Ministério das Cidades, atribuindo-lhe a tarefa de elaborar, com a participação do Congresso, dos Estados, municípios e, principalmente, da sociedade civil organizada, as políticas públicas federais em favor das cidades, onde já vive a imensa maioria da população brasileira. Também recebeu a atribuição de coordenar e monitorar todas as ações federais de impacto urbanístico.

Como sonhar não custa nada, eu vi, no mesmo anúncio, o presidente eleito noticiando as secretarias do Ministério, órgãos de relevância institucional. Ele informou também a recriação da Secretaria Nacional de Mobilidade Urbana, que voltará a ter a responsabilidade de liderar as ações do governo federal no campo

---

18. Publicado originalmente na *Revista Ferroviária*, edição de setembro-outubro/2022. Disponível em: https://revistaferroviaria.com.br/2022/11/o-sonho-e-a-profecia/. Acesso em 13 mai.2024.

da mobilidade urbana, e assegurou que o seu ocupante será um técnico com sensibilidade política para liderar a elaboração de políticas engajando todos os envolvidos.

Aliás, o presidente eleito pediu desculpas pelo fato de o assunto não ter sido tratado na campanha eleitoral. Mas declarou que, enquanto publicamente se discutiam temas religiosos e de costumes, sua equipe estava em campo preparando um disruptivo programa em favor da mobilidade urbana. Disse ele que, a seu ver, os temas do acesso nas cidades, do transporte público sustentável e inclusivo, da segurança viária, da mobilidade ativa, não eram apenas uma responsabilidade das cidades. Afirmou o presidente que, na visão do seu governo, a mobilidade urbana também seria uma tarefa federal. E estabeleceu que o governo iria se empenhar em viabilizar investimentos a fundo perdido, apoio no custeio do transporte público sustentável, suporte técnico para as cidades e concessão de empréstimos dos bancos federais para projetos específicos.

Mas o que me causou verdadeiro entusiasmo, enquanto meu inconsciente exibia o meu sonho, foi o anúncio que o presidente fez sobre a CBTU. Sustentou que nenhum dos seus postos de liderança seria usado como moeda de troca para apoio no Congresso Nacional. Esses postos seriam ocupados por empregados de carreira da própria CBTU ou especialistas trazidos dos operadores metroferroviários de todo o Brasil. E garantiu que finalmente um plano de investimento ambicioso, para recuperação da malha ferroviária urbana de transporte de passageiros, sob responsabilidade do governo federal, seria implementado. E, onde fosse viável, parcerias com os Estados e com o setor privado seriam uma opção para concretizar a recuperação e a modernização dos sistemas. Cheguei a ver Recife, Natal, Maceió, João

Pessoa e Belo Horizonte como verdadeiros canteiros de obras de via permanente, instalação de novos sistemas de sinalização, reformas nas estações, e trens novos, fabricados no Brasil, sendo entregues e comissionados.

Por falar em trens, o presidente anunciou um plano de recuperação da indústria ferroviária do Brasil. Revelou que já estava negociando um empréstimo com um consórcio de bancos de fomento internacionais para viabilizar a compra de centenas de trens que seriam cedidos, em comodato, aos sistemas metroferroviários de todo o Brasil, mesmo aqueles de titularidade das cidades.

Disse que já tinha reunido as necessidades de novos trens de todos os sistemas e que iria viabilizar uma compra em larga escala, obtendo redução de custos. O único requisito: que os trens fossem fabricados no Brasil, gerando empregos, renda e desenvolvimento do parque industrial no nosso território. Os Estados e operadores privados receberiam cartas de crédito e ficariam responsáveis por encomendar as customizações para cada um dos seus sistemas.

Finalmente, o presidente comunicou que iria priorizar a construção de uma rede de trens de passageiros conectando as principais cidades brasileiras. E, como prova do seu compromisso, divulgou a minuta dos atos que assinaria no primeiro dia de mandato, destravando em definitivo o primeiro trem de passageiros intermunicipal, o que vai conectar São Paulo a Campinas. Em seguida, mostrou o plano de conexão de São Paulo ao Rio de Janeiro, aproveitando estudos já realizados. O passo seguinte seria a conexão entre as duas cidades e Belo Horizonte e, a partir daí, uma rede que alimentasse esses sistemas e possibilitasse não só viagens mais rápidas, seguras e confiáveis, mas uma nova forma de ocupação do uso do solo, redimensionando as possibilidades de viver, produzir e consumir ao redor desses novos eixos.

Foi nesse momento que, lamentavelmente, despertei do sonho, olhei no relógio e vi que era hora de me levantar e sair para o trabalho. Saí à rua e vi meu país dividido e tenso, às vésperas das eleições.

Naquele dia, sonhando acordado, imaginei que, depois de publicado este artigo, algum leitor paciente, que chegou até o seu final, escrevera para a revista e se dissera impressionado: o autor da coluna não é um articulista. É um profeta.

Como disse acima, sonhar não custa nada.

NÃO EXISTE INDÚSTRIA DA MULTA SEM INDÚSTRIA DA INFRAÇÃO NO TRÂNSITO[19]

A eleição de um novo governo traz a natural expectativa de mudanças e de uma nova forma de condução das políticas públicas no país. No campo da mobilidade urbana, há desafios gigantes à espera dos novos dirigentes da nação.

Entre os diversos componentes dos sistemas de mobilidade urbana – transporte público, mobilidade ativa, logística urbana, trânsito e segurança viária –, o que mais recebeu atenção acurada da esfera federal foi a segurança viária, fruto do Código de Trânsito Brasileiro, de 1997. O governo Bolsonaro cumpriu uma promessa da campanha de 2018, a de acabar com a "indústria da multa", eliminando radares controladores de velocidades. De fato, em seu primeiro ano de gestão, o Ministério da Infraestrutura determinou a eliminação do uso de radares estáticos, móveis e portáteis das rodovias federais.

Logo depois, o Conselho Nacional de Trânsito, órgão composto por membros representantes do governo federal, editou uma sequência de normas no sentido de limitar a fiscalização de trânsito. Em setembro de 2020, o Executivo editou a Resolução 798, que criou novos obstáculos para a fiscalização no tráfego. A instalação de radares passou a ser proibida em árvores, marquises, passarelas, postes de energia elétrica ou qualquer outra obra de engenharia. Radares portáteis ou móveis foram proibidos em vias com velocidade inferior a 60 km/h. Ou seja, em ruas onde há escolas, hospitais, creches – que em geral têm velocidade li-

---

19. Publicado originalmente na *Revista Piauí*, em 22 dez.2022. Disponível em: https://piaui.folha.uol.com.br/nao-existe-industria-da-multa-sem-industria-da-infracao-no-transito/. Acesso em 13 mai.2024.

mitada a 40 km/h – não se pode fiscalizar atos imprudentes de motoristas. Em outras palavras, nos locais em que mais se precisa, a fiscalização foi proibida.

Afora isso, o Congresso Nacional converteu em lei texto de uma medida provisória que aumentou o número de pontos para a suspensão do direito de dirigir e ampliou a validade da Carteira Nacional de Habilitação. De outro lado, houve flexibilização na fiscalização do peso de veículo de carga, fator contribuinte para sinistros de trânsito e comprometimento do pavimento asfáltico.

Esse rol de alterações confirma a visão que o atual ocupante da Presidência da República tem do sistema de fiscalização de trânsito. Disse ele em 2019: "Há uma quantidade enorme de lombadas eletrônicas no Brasil. É quase impossível você viajar sem receber uma multa." Também afirmou: "A gente sabe que, no fundo – ou desconfia –, o objetivo não é diminuir acidentes. Não é porque hoje se está muito mais preocupado em se olhar para o lado, para o barranco, para ver se tem uma lombada eletrônica, do que para ver a sinuosidade das pistas."

Essa é uma visão bastante comum entre os motoristas – especialmente os infratores. Se existisse um álbum de figurinhas de multas de trânsito, o presidente e sua família já o teriam completado. Em 2019, o jornal *Folha de S.Paulo* publicou que o clã recebera mais de 44 multas entre 2014 e aquele ano.

É curioso que boa parte dos recordistas de multa, que chegam a recriminar a fiscalização existente no Brasil, quando regressam de viagem ao Hemisfério Norte, costumam tecer elogios à ordem e à disciplina do tráfego que lá encontram. E, naqueles países, tratam de andar na linha, temerosos do rigor da lei.

Toda indústria, para existir, precisa de insumos. O mesmo se dá com a chamada "indústria da multa", e seu insumo é a infração de trânsito. Pois bem: o que existe, realmente, é uma indústria gigantesca de infrações de trânsito. Um estudo da Companhia de Engenharia de Tráfego (CET), realizado em 2015, indica que são cometidas, na cidade de São Paulo, 10 milhões de infrações por hora. Agora, preste atenção: a capital paulista aplica a mesma quantidade de multas, 10 milhões, só que por ano! Quer dizer, há uma quantidade estúpida de infrações que não são punidas.

A primeira grande tarefa do novo governo, portanto, em termos de segurança viária, é revogar todas as atuais medidas restritivas à fiscalização e ao controle, bem como revogar a flexibilização das normas que levam à suspensão e à cassação do direito de dirigir.

Ao fazer isso, o Executivo federal retomará a política pública baseada em dados e evidências: o Brasil continua sendo um dos campeões mundiais em mortes no tráfego. O país segue com escandalosas 19,7 mortes no trânsito por 100 mil habitantes. Enquanto isso, outras nações alcançam patamares muito inferiores: Argentina (14), Afeganistão (15,1) Canadá (5,8), Chile (12,5), México (13,1), Estados Unidos (12,4), Portugal (7,4), Espanha (4,1) e Suécia (2,8). Ganhamos de poucos países, como a Índia, por exemplo, que tem 22,6 mortes.

Também competirá ao novo governo retomar o diálogo e a participação da sociedade civil na articulação de políticas públicas voltadas à segurança viária, assim como a coordenação das atividades dos Estados e municípios.

Espera-se a volta do Ministério das Cidades, para funcionar como articulador das políticas públicas urbanas do Brasil. As cidades são protagonistas da vida, do desenvolvimento e da geração de riqueza. Se a agropecuária responde por boa parte da nossa economia, é nas cidades que estão os bancos, as indústrias, os serviços, o emprego e as oportunidades da imensa maioria da população nacional – e nunca é demais lembrar que algo em torno de 85% dos brasileiros vivem em territórios urbanos.

A tarefa de organizar, financiar e subsidiar os investimentos e o custeio da mobilidade nas cidades não pode recair apenas sobre os ombros de Estados e municípios. O governo federal deve exercer o papel de líder, indutor e financiador de muitas das facetas dos sistemas de mobilidade urbana.

Também nessa direção, o novo governo deveria recriar a Secretaria Nacional de Mobilidade Urbana, dedicada exclusivamente ao tema. A ela seriam devolvidas as atribuições que já teve no passado: concentrar todas as ações federais em favor do transporte público e da mobilidade ativa, assim como subsidiar as outras pastas acerca de políticas que podem impactar a mobilidade de pessoas e bens nas cidades.

O primeiro passo em tal sentido seria a atualização da Política Nacional de Mobilidade Urbana, verificando-se os avanços dos últimos anos e ajustando o rumo para acelerar as ações que reduzam as emissões nos sistemas de transporte, ampliem o acesso ao emprego, renda e oportunidade, bem como a eliminação das mortes e dos ferimentos graves no tráfego. O governo federal precisa exigir, definitivamente, que os municípios elaborem e executem os seus planos de mobilidade urbana.

Essa atualização precisará ser implementada garantindo a ampla participação dos Estados e municípios e, especialmente, da sociedade civil organizada e da academia nas diversas etapas de sua execução.

Ao mesmo tempo, o governo federal precisa preparar uma abrangente política de descarbonização do transporte. O tema ganhou destaque na COP27, pois não resta dúvida da urgência que devemos ter no rumo da eliminação das emissões de carbono, a fim de assegurarmos um aumento de temperatura do planeta não superior a 1,5° Celsius.

Para isso, o setor de transporte precisa modificar sua matriz energética. O Executivo federal pode não só financiar como também engajar as cidades em planos para favorecer a mobilidade ativa, dar prioridade ao transporte público, gerenciar a demanda do transporte individual motorizado e a substituição de veículos movidos a combustíveis fósseis para outras matrizes, limpas, especialmente a elétrica, que é a tecnologia que se afirma em todo o mundo.

Quanto à matriz energética, o governo precisa dialogar com a indústria, os operadores de ônibus e os agentes financeiros para construir uma política nacional de descarbonização do transporte, que deve, simultaneamente, envolver: incentivos fiscais para a adoção de veículos limpos, linhas de crédito que reduzam os custos financeiros para substituição das frotas, incentivo à indústria nacional com o desenvolvimento de tecnologia e soluções locais, visando manter o Brasil como plataforma exportadora de veículos (agora limpos), e subsídio às cidades que adotarem alternativas mais limpas nas suas frotas.

Outra frente na qual o Executivo federal deverá atuar é a Companhia Brasileira de Trens Urbanos, que sofre há décadas com gestões erráticas e desconectadas de suas reais necessidades. Além disso, há muito que os sistemas de trens de Belo Horizonte, Recife, Natal, João Pessoa e Maceió clamam por investimentos. Não podemos assistir, mais uma vez, à falência de linhas ferroviárias.

É fundamental garantir à CBTU uma gestão técnica e eficiente, recursos e meios para a retomada da qualidade do transporte de passageiros por ferrovias nas áreas onde ela atua.

O novo governo também deve priorizar a integração dos sistemas de transporte nas regiões metropolitanas. Nessas regiões, as pessoas vivem como se todo o tecido urbano fosse uma única cidade: muitas vezes moram em um município, trabalham em outro e estudam em um terceiro. Não há divisas físicas perceptíveis. Apesar disso, cada cidade tem sua própria gestão dos sistemas de mobilidade, criando dificuldades e obstáculos para os usuários. São diversos as tarifas e os meios de pagamentos para uma mesma viagem, encarecendo e dificultando o acesso. A falta de planejamento faz com que rotas de ônibus concorram entre si, ou com os sistemas sobre trilhos, criando ineficiência e dificuldades adicionais para os usuários. O Executivo federal pode conduzir o processo de implantação de autoridades metropolitanas de transporte capazes de unificar o planejamento, a operação e a gestão dos sistemas de mobilidade.

Por último, mas não menos importante, é preciso atentar para a equação do financiamento dos sistemas de transporte público. O modelo vigente no Brasil – qual seja, a divisão dos custos entre os usuários – não responde mais às necessidades de custeio, investimento e justiça social. É essencial colocar em prática uma nova modalidade, na qual o usuário do transporte não seja mais penalizado em seu orçamento com os custos do sistema. As externalidades positivas dos sistemas de transporte público justificam um novo modelo de financiamento, em que todos os entes federativos se coordenem para alocar recursos, encontrar novas fontes e garantir às cidades um acesso democrático e amplo a eles. Diversos municípios nacionais passaram a subsidiar os usuários do transporte público depois da pandemia. É preciso uma articulação federativa para sustentar e ampliar os subsídios em favor de tarifas cada vez mais baratas e um uso crescente do transporte mais seguro, inclusivo e sustentável que existe: o coletivo.

DO SERVIÇO DE MASSA
PARA A EXPERIÊNCIA DO USUÁRIO[20]

Um dos grandes desafios para o prestador de serviço é maximizar as sensações positivas do cliente. Gosto de mirar a experiência da Starbucks, a maior rede de cafés do mundo. Experimente, caro leitor, entrar em qualquer loja da Starbucks. Tudo ali é pensado não para você consumir café diretamente, mas, antes de tudo, para você se sentir bem. Desde a iluminação até a qualidade do produto, passando pelos móveis e música ambiente, a ideia é te convidar a ficar o máximo de tempo por ali. Você pode ficar até sem consumir nada. Toda vez que você fizer um pedido, anotarão seu nome, e te chamarão de forma bastante pessoal. Eles querem que a sua experiência seja uma experiência única.

Fazer isso em rede de restaurantes é desafiador, mas o desafio é incomparável se pensarmos nos serviços de transporte de passageiros por trilhos. Milhares de pessoas viajando, em geral com pressa, pelas estações e nos trens, cada qual buscando destinos distintos. Pode parecer impossível transformar um serviço de massa em uma experiência personalizada.

Antes da disseminação dos telefones inteligentes, essa possibilidade era uma quimera. Não havia possibilidade de os operadores de transporte se conectarem individualmente aos seus milhões de usuários. O máximo de contato com o público eram o aviso sonoro nos trens e estações, o momento da compra do bilhete e, quando muito, uma saudação na passagem do usuário nos bloqueios.

---

20. Publicado originalmente na *Revista Ferroviária*, edição de novembro-dezembro/2022. Disponível em: https://revistaferroviaria.com.br/2023/01/do-servico-de-massa-para-a-experiencia-do-usuario/. Acesso em 13 mai.2024.

A massificação dos telefones inteligentes, contudo, abre as portas para múltiplas possibilidades de interação com os usuários. Mas, ao mesmo tempo, a tecnologia simplificada e disseminada nestes pequenos computadores elevou a régua de expectativa do nível de experiência e da capacidade de gerenciamento de viagens. O usuário não tem mais por que esperar trem, descobrir que ele está atrasado ou o serviço degradado apenas quando chega à plataforma ou, ainda, ficar olhando mapas fixados em murais em estações.

É preciso explorar, como operador de transporte, todas as possibilidades de interação. E quanto mais informações colocarmos na palma da mão do usuário, mais cliente ele se sentirá. No longínquo 2011, quando presidimos o Metrô de São Paulo, criamos o "Direto do Metrô". O usuário recebia no seu celular, diretamente do CCO (Centro de Controle Operacional), informações sobre as condições operacionais de cada linha, depois de ter se inscrito no sistema e informado as linhas que usava cotidianamente. Foi um grande avanço para primeiro, permitir ao usuário ter acesso instantâneo à qualidade do serviço e, depois, para ampliar a sua confiança no Metrô, uma vez que ele sempre saberia pela própria companhia de eventuais problemas ou degradações.

Hoje, podemos e devemos ir muito além. O usuário já pode chegar à estação, ser identificado e receber mensagens personalizadas do sistema ("Bom dia, Carlos! Bem-vindo à Estação Moema! Você está indo para o Paraíso, como faz todos os dias? As linhas que você vai utilizar estão operando normalmente, sem previsão de atrasos durante a viagem. Você chegará à estação Paraíso às 08:25. Lá, se você quiser tomar um café, há a Padaria XYZ. Apresentando esse QR Code, você tem um desconto de 10%"). O usuário pode receber notícias sobre o seu percurso usual, ofertas de patrocinadores e informações rigorosamente personalizadas de acordo com suas preferências, identificadas por algoritmos e inteligência artificial. Ou seja, cada usuário ter um conteúdo próprio, personalizado e tratado para melhorar sua experiência, e maximizado para permitir o total gerenciamento da viagem.

Além de propiciar uma completa personalização, fundamental para assegurar a preferência do usuário pelo serviço, pode render receita não tarifária com a cessão de espaço para patrocinadores e promoções por eles oferecidas aos usuários. Tem potencial para valer muito mais do que os pouco visualizados cartazes em trens e estações.

Não podemos esquecer o potencial da "gamificação" na melhoria da experiência do usuário. Tal recurso pode contribuir para prender a sua atenção, coletar suas preferências e, ainda, ajudá-lo a compreender a complexidade do funcionamento do sistema. Operadores de transporte poderiam desenvolver jogos que cativassem a atenção dos mais jovens e atraíssem recursos via patrocinadores. Precisamos também nos convencer a abrir os dados de localização dos trens e intervalos ou horários de partida, conforme o regime operacional, para que outros aplicativos, coletando esses dados, possam permitir ao usuário o ideal gerenciamento da sua viagem e integração com outros modos de transporte.

Vencer a concorrência com outros modos, especialmente os individuais motorizados (incluindo aqui as viagens por aplicativos), exige criatividade e uma aliança poderosa com a tecnologia. Muitas vezes, operadores públicos não detêm a flexibilidade institucional (licitações, órgãos de controle, tempo longo para tomada de decisões) necessária para a implementação de soluções como as aqui propostas. Alianças com o setor privado podem ser muito bem-vindas para a implementação.

A MOBILIDADE URBANA NO NOVO GOVERNO[21]

O novo governo federal, tal como desejávamos e previmos aqui, recriou o Ministério das Cidades e, dentro dele, a Secretaria Nacional de Mobilidade Urbana.

Mais de 80% da população brasileira já vive em áreas urbanas. As cidades, tal como imãs, seguem atraindo as pessoas com as suas oportunidades, utopias e contradições. Faz todo sentido que as cidades sejam objeto privilegiado das políticas públicas, a serem articuladas por um ministério, com todo o prestígio que essa estrutura da alta administração federal se reveste.

Também comemoramos a recriação da Secretaria Nacional de Mobilidade Urbana, completamente focada no tema do transporte público, da mobilidade ativa e da logística urbana. O tema urbano pode remeter à ideia de competência exclusiva dos municípios. Errado. A União Federal pode e deve fazer muito para articular as políticas públicas, dar o norte e a estratégia e, ainda, apoiar na execução e na implementação, quer seja com recursos ou com apoio técnico.

Porém, ao lado de nosso regozijo pela recriação dessas entidades que contam com prestígio e capacidade de articulação, ainda reside uma ansiedade por conhecer, no detalhe, quais serão os passos a serem trilhados pelo novo governo no campo da mobilidade urbana.

Esperamos, sinceramente, que o tema do financiamento do

---

21. Publicado originalmente na *Revista Ferroviária*, edição de janeiro-fevereiro/2023. Disponível em: https://revistaferroviaria.com.br/2023/02/a-mobilidade-urbana-no-novo-governo/. Acesso em 13 mai. 2024.

transporte público seja a prioridade das prioridades. Nossos sistemas locais, sejam de pneus ou de trilhos, enfrentam o maior desafio de sustentabilidade financeira da história. O modelo de repartição dos custos entre os usuários já perdeu a capacidade de responder e arcar com os custos e investimentos necessários à operação dos sistemas. É preciso encarar a realidade de que novas fontes de financiamento precisam ser cultivadas, que não é justo o usuário do sistema arcar com os seus custos, quando toda a sociedade se beneficia do uso do transporte público. A União terá que, de alguma forma, contribuir com o financiamento da operação dos sistemas, quer seja ressarcindo as gratuidades fixadas em legislação federal, quer seja transferindo recursos para os sistemas. Neste caso, fica a sugestão de condicionar a transferência à adoção das melhores práticas, como, por exemplo, a criação da autoridade metropolitana de mobilidade, nas áreas com municípios conurbados e interdependentes.

Nesta direção, há a expectativa que o novo governo, sentado que está na legitimidade outorgada pelas urnas, use seu prestígio e capital político para agilizar a aprovação, no Senado e depois na Câmara, do novo marco legal do transporte público, representado pelo projeto de lei de autoria do ex-senador Antonio Anastasia.

Em outra frente, para os trilhos, espera-se que o governo enfrente a necessidade de investir fortemente nas linhas operadas pela CBTU. Enxergar que essas linhas são estruturais e podem, se modernizadas, contribuir significativamente para uma mobilidade sustentável e inclusiva nas cidades por elas beneficiadas. É urgente encarar a CBTU para além de espaço político no governo. É uma empresa que tem responsabilidades sérias e que demanda soluções técnicas e altamente especializadas. Olhar para eventuais parcerias com o setor privado como oportunidades para alavancar investimentos e otimizar a operação. Ou, então, sob gestão pública, priorizar a técnica e as melhores práticas, conjugando com alocação de recursos e prioridades nas ações governamentais.

Não existe mobilidade urbana sustentável, segura e inclusiva divorciada do planejamento urbano. Acabamos de assistir o relançamento do Programa Minha Casa, Minha Vida, também sob a liderança do Ministério das Cidades. Bom sinal, em termos de agilidade (apenas 45 dias depois de empossado, o governo já retoma um programa relevante). Mas é preciso relançar com correções de rumo. Que não volte a política da construção de habitações de interesse social nas áreas remotas das cidades, onde não há emprego nem oportunidades de renda. Essa conta, depois, é paga pelos sistemas de mobilidade, sobrecarregados e ineficientes do ponto de vista econômico.

Por fim, a principal expectativa é que a Secretaria Nacional de Mobilidade Urbana exerça uma posição de liderança, se articulando com as entidades da sociedade civil, com Estados e municípios. Faça valer a sua força para induzir a adoção de práticas já testadas e aprovadas, como a implantação das autoridades metropolitanas, já referida aqui, o incentivo à mobilidade limpa, ativa e inclusiva. Os trilhos precisam voltar a crescer. A indústria ferroviária está pronta para voltar a ser pujante e geradora de riquezas e tecnologias. Faltam-nos a liderança e o estímulo. Mãos à obra.

PARA NÃO PERDER
O ÔNIBUS DA HISTÓRIA[22]

O Brasil é um dos maiores mercados de ônibus urbanos do planeta. O transporte público no país é estruturado com base nos sistemas sobre pneus. Nas cidades brasileiras – pequenas, médias e grandes – operam mais de 115 mil ônibus.

Agora, preste atenção neste dado alarmante: dos 115 mil ônibus urbanos que transitam pelas cidades brasileiras, apenas 68 – repito: 68; ou seja, míseros 0,06% — são elétricos movidos a bateria.

Isso escancara uma preocupante realidade: nossas cidades estão sendo sufocadas pela queima do óleo diesel e são grandes contribuintes do elevado grau de emissão de CO_2, responsável pela severidade das mudanças climáticas que vemos diariamente assolar todos os rincões do globo.

O médico e professor Paulo Saldiva, da Universidade de São Paulo, coordenador do Núcleo de Saúde Urbana do Laboratório Arq. Futuro de Cidades do Insper, tem um estudo publicado indicando que só na capital paulista a poluição atmosférica causa a morte prematura de 4 mil pessoas por ano. Claro que nem toda a poluição atmosférica é causada pelos ônibus. Transporte individual, veículos antigos, caminhões – cuja idade média da frota no Brasil ultrapassa 15 anos – são grandes ofensores da qualidade do ar.

Mas, sobre o transporte individual ou de cargas, as autoridades não têm muito poder de ação. Diferente é a situação no transporte público: os municípios podem e devem estar aptos a definir

---

22. Publicado originalmente na *Revista Piauí*, em 28 mar.2023. Disponível em: https://piaui.folha.uol.com.br/para-nao-perder-o-onibus-da-historia/. Acesso em 13 mai.2024.

padrões de frota que eliminem as emissões de CO_2, de NO_x e de material particulado. Sobre tais frotas, o poder público tem ingerência e capacidade para induzir a incorporação de novas tecnologias, promovendo o desenvolvimento da indústria, criando escala e transformando as cidades.

Descarbonizar o transporte público é, portanto, tarefa urgente, fundamental, que deveria ser abraçada por todos os níveis de governos, setor privado, sociedade civil e organizações multilaterais. Diria mais: trata-se da tarefa mais urgente da geração que está à frente de áreas relacionadas ao problema, se, de fato, quiser deixar o incontornável legado de promover uma rápida mudança da nossa matriz energética, eliminando emissões de carbono, alterando hábitos de consumo, atentando para as questões de mobilidade.

Diversas alternativas à queima de diesel para locomover pessoas dentro das cidades e/ou entre elas têm sido apresentadas ao longo dos últimos anos – diesel derivado de vegetais, óleo vegetal hidrogenado, hidrogênio, ônibus elétrico alimentado por meio de cabos (trólebus) e/ou de baterias. Todas têm algumas desvantagens, todavia trazem muitas, muitas vantagens em relação ao modelo que prevalece por aqui.

Mundo afora, cresce a adoção de ônibus elétricos movidos a baterias. De acordo com o Maximize Market Research, o mercado global de ônibus elétricos foi, em 2021, de 78.240 unidades e será, em 2029, de 1.383.480.

A China liderou esse processo durante as duas primeiras décadas do século XXI e é, até a atualidade, a detentora da maior frota de ônibus elétricos no planeta. Entretanto, nos dias de hoje, o que se vê é uma rápida aceleração da substituição dos ônibus poluentes por ônibus limpos em todos os continentes.

Ao mesmo tempo, há uma demanda, ainda que tímida, das cidades e da sociedade por um transporte público de melhor qualidade, que promova inclusão e contribua para reduzir não apenas as distâncias como também a desigualdade.

Na América Latina, temos dois exemplos de nações que introduziram a mobilidade elétrica nas suas capitais de forma intensa, rápida e eficiente.

A Colômbia, que tem um PIB correspondente a 20% do brasileiro, vem dando exemplo em vários aspectos que envolvem políticas públicas estruturadas e transformadoras. A cidade de Bogotá, que desde os anos 2000 conta com um dos melhores sistemas de BRT do mundo, o Transmilenio, já possui 1.485 ônibus elétricos. Sim: somente a capital colombiana ostenta uma frota cerca de 21 vezes maior que a do Brasil.

O Chile, detentor de um quinto da riqueza brasileira, já tem em operação uma frota de 1.223 ônibus elétricos a bateria.

A primeira questão que se apresenta é por que o ônibus a bateria logrou ser a opção predominante frente a outras possibilidades completamente limpas ou menos poluentes. No Brasil, essa pergunta faz ainda mais sentido, dada a larga experiência que temos com o etanol da cana-de-açúcar.

Ocorre que não existe produção em larga escala de diesel derivado de vegetais no Brasil. Ora, o abastecimento da frota de ônibus urbanos não pode sofrer qualquer interrupção ou suspensão no seu fornecimento. O combustível que move esses ônibus tem que estar completamente disponível. Além disso, há enorme polêmica em relação à inadequação de se destinar solos cultiváveis para alimentos à produção de energia com o objetivo de mover veículos. O desenvolvimento, no entanto, de uma produção em larga escala pode baratear o preço e dar confiabilidade à alternativa, viabilizando o uso de ônibus com tal tecnologia nos locais onde outras fontes, especialmente a eletricidade, não possam ser empregadas.

O hidrogênio também está longe de ter disponibilidade no território nacional. Anos atrás, testes com ônibus movidos a células de hidrogênio foram interrompidos na Grande São Paulo, justamente por falta de hidrogênio.

Os ônibus elétricos alimentados por meio de cabos têm duas desvantagens importantes. Uma é a perversa intrusão urbana que os cabos provocam. Nenhuma cidade mais quer ser cortada por uma infinidade de cabos sustentados por postes. A segunda e importante desvantagem é que o consumo de energia junto à rede distribuidora (chamada *grid*) se dá no exato momento em que os ônibus estão circulando. Isso quer dizer que às seis e meia da tarde esses veículos estarão rodando em sua capacidade máxima, a fim de atender a demanda de pico do horário, concorrendo com muitos outros consumidores e onerando todo o sistema elétrico, além de estar consumindo a energia na hora em que ela pode ser mais cara.

As baterias têm a desvantagem da mineração, necessária para a retirada dos componentes essenciais para o armazenamento de energia; isso é verdade. Mas não menos verdade é o fato de que os ônibus movidos por meio delas têm inúmeras vantagens – e por isso se assiste à expressiva adoção dessa tecnologia em toda parte. A primeira das vantagens é o longo tempo de vida das baterias veiculares. Em geral, fabricantes de ônibus elétricos fornecem uma garantia de cinco a oito anos para as baterias. Alertam, porém, que o ciclo de vida pode ultrapassar os dez anos. Depois desse período, as baterias não serão descartadas. Na realidade, elas já estão sendo empregadas na indústria do armazenamento estático de energia, na qual se ganha dinheiro carregando baterias com um preço barato (nas madrugadas, por exemplo) para depois vendê-las quando ele se eleva, dada a carência (para uso nos horários de pico).

Disso decorre outra vantagem em relação aos veículos alimentados por meio de cabos. Os ônibus a bateria, na sua imensa maioria, serão abastecidos durante a madrugada, quando todo o sistema elétrico – geração e distribuição – tem um período de ociosidade de consumo. Itaipu, por exemplo, gira suas turbinas 24 horas por dia, todavia durante a madrugada boa parte da energia gerada é desperdiçada. No caso das baterias, elas serão carregadas exatamente em tal período e os ônibus poderão se mover durante o horário de pico, usando essa energia com preço mais baixo.

Outro fator é o preço que pagaremos se decidirmos ter uma matriz energética contrastante com a opção global, que até aqui caminha para as baterias. Iremos produzir ônibus apenas para o mercado interno, perdendo a condição de plataforma exportadora. E, seguramente, eles sairão mais caros, vez que serão considerados mais uma jabuticaba!

Os ônibus elétricos têm um custo de aquisição ainda muito mais elevado. Contudo, é tão grande a economia do custo operacional que muitos estudos e casos já apontam para um equipamento mais barato que os ônibus convencionais movidos a diesel, considerado o custo total de propriedade.

Um motor a combustão possui ao redor de 500 a 600 peças, enquanto um elétrico tem três ou quatro. Isso resulta em manutenção muito mais barata e em um consumo de lubrificantes e fluidos infinitamente menor.

O ônibus elétrico é silencioso e tem uma condução macia, que favorece a experiência do usuário, melhorando o conforto e a segurança.

Estive em Bogotá recentemente e perguntei a um operador de ônibus: "Por que a opção pelo elétrico e uma mudança de sistema em tão pouco tempo?". A resposta que ouvi talvez explique, em parte, porque aqui estamos caminhando a passos de cágado: "A sociedade não aceita mais ônibus poluentes. Não se admite mais a entrada de ônibus sujos no sistema da cidade".

Infelizmente, como sociedade, nós, brasileiros, ainda não compreendemos a gravidade da crise climática na qual estamos mergulhados. Seguimos tocando as nossas agendas como se a Terra não estivesse prestes a despencar em uma espécie de abismo do cosmo. Não cobramos de nossos governantes ações concretas para reduzir os efeitos das mudanças climáticas. Assistimos, neste verão, cidades inundadas numa frequência bastante acima do que tínhamos visto nos anos anteriores. O Pantanal, meses atrás, surgiu em chamas. E seguimos fazendo de conta que não temos muito a ver com isso.

Por falar em governo, esse é outro aspecto central nos projetos de eletrificação de frotas em todo o globo. Se há algo em comum em todos os países que levaram a sério a descarbonização do transporte é o engajamento e a liderança dos governos centrais. Foram eles que deram o norte e viabilizaram políticas públicas para reduzir custos, ampliar e baratear créditos, fornecer garantias e mover suas respectivas nações para resultados fantásticos.

Essa é outra ausência grave no Brasil. Não temos uma política central, liderada pelo governo federal, apontando o rumo, servindo de bússola e viabilizando a implantação de uma solução que, além de melhorar a qualidade de vida das pessoas que moram nas cidades – só para lembrar: algo em torno de 85% da população do país –, proporcionaria o desenvolvimento de uma indústria de alta tecnologia, com potencial para ser líder nas Américas.

O risco que corremos, ao ficarmos para trás na política de energia sustentável dos sistemas de mobilidade urbana, é perdemos a condição de plataforma produtora e exportadora de ônibus. O Brasil sofre com o contínuo decréscimo da participação da indústria no PIB. Parece que estamos conformados em ser exportadores de produtos agrícolas.

Com o perdão da imagem: não podemos perder esse ônibus que está passando diante de nossos olhos... Temos oportunidade de criar um robusto mercado capaz de atrair os fabricantes já instalados no Brasil e muitos outros. Nossa inércia pode fazer com que sejamos obrigados, em um futuro bem próximo, a passar a importar ônibus elétricos, se não quisermos seguir poluindo nossas urbes e contribuindo para a degradação do planeta.

O novo governo federal pode mudar o curso da história e, mexendo as peças corretamente, fomentar a mobilidade urbana sustentável, a economia verde, o desenvolvimento tecnológico e uma indústria com forte potencial para atender o mercado interno e, aproveitando a *expertise* de uma indústria forte, pujante e com larga presença no país, ampliar divisas em moeda estrangeira, exportando ônibus – agora elétricos.

A RETOMADA DOS TRENS INTERMUNICIPAIS DE PASSAGEIROS[23]

Faz poucas semanas, o governo do Estado de São Paulo lançou o edital de concorrência pública para a contratação do serviço público de transporte de passageiros sobre trilhos, ligando São Paulo a Campinas, com paradas intermediárias em Jundiaí e outras cidades. É a primeira iniciativa concreta de retomada dos trens de passageiros de médias distâncias no Brasil. Conservamos apenas duas linhas de trens de passageiros, com operação comercial, que não seja uma conexão metropolitana: a Linha Vitória a Minas e a Linha Carajás, ambas providas pela Companhia Vale do Rio Doce.

É sempre triste essa constatação. Já fomos um país ferroviário. Segundo o nosso amigo e *expert* no tema, Ayrton Camargo e Silva, "Em 1959, o sistema ferroviário nacional possuía 38 ferrovias, 38.160 km de extensão em tráfego, com mais de 3.700 estações e paradas, uma frota de mais de 4.300 carros de passageiros de longo percurso, tendo transportado nesse ano cerca de 100 milhões de passageiros, excluídos os passageiros transportados pelos trens de subúrbio."[24]

Sempre penso na dificuldade que tenho de explicar a meus filhos que já tivemos 3.700 estações e paradas de trens e hoje temos quase nada. Como pudemos fazer isso com o patrimônio do país? De fato, foi um crime.

---

23. Publicado originalmente na *Revista Ferroviária*, edição de março-abril/2023. Disponível em: https://revistaferroviaria.com.br/2023/05/a-retomada-dos-trens-intermunicipais-de-passageiros/. Acesso em 31 jan.2024.

24. Silva, Ayrton Camargo e. A implantação e o desenvolvimento dos trens de passageiros no Brasil. *Caos Planejado*. 16 de maio de 2022. Disponível em: https://caosplanejado.com/a-implantacao-e-o-desenvolvimento-de-trens-de-passageiros-no-br/. Acesso em 13 mai.2024.

Portanto, o anúncio da licitação de uma linha intermunicipal de passageiros deve ser recebido com alegria e entusiasmo e torcemos para que grupos econômicos se interessem pelo projeto e o coloquem em pé. Torcemos além: que o sucesso desse primeiro trem embale outros projetos que se conectem e devolvam ao Brasil a sua pujança ferroviária.

E por quê? Ora, porque a ferrovia é um modo de transporte rápido, especialmente em distâncias inferiores a 1.000 km, é confiável, é seguro (são mais de 3.600 mortos por ano, só nas estradas federais), é sustentável e tem potencial transformador do uso do solo e do planejamento urbano.

Em distâncias inferiores a 1.000 km, a tecnologia ferroviária atual, se bem desenhadas as linhas, pode oferecer viagens em torno de 5 a 6 horas de duração.

O avião faz essa distância em pouco mais de uma hora, mas é preciso somar a hora antecedente com que temos de chegar ao aeroporto, a meia hora entre o pouso e a chegada ao saguão de desembarque e o tempo de deslocamento até aeroportos que, em geral, estão distantes dos centros urbanos. Somados esses tempos, o trem pode ser bastante atrativo.

Serviços de trem não são paralisados por questões meteorológicas comuns no Brasil, não sofrem interferência nas vias, oferecendo uma alta confiabilidade de partidas e chegadas nos horários previstos. Não preciso me estender, aqui, sobre a segurança da operação ferroviária quando comparada aos demais modos de transporte.

A França, recentemente, proibiu viagens de avião de curtas distâncias, na sua ação para combater as mudanças climáticas. Passou da hora de sairmos do discurso sobre sustentabilidade e partirmos para ação concreta. Nosso planeta não está mais na beira do abismo. O painel das Nações Unidas para o clima não cansa de alertar que estamos chegando ao ponto sem retorno em termos de aquecimento do planeta. Parecemos surdos, vez que seguimos tímidos nas ações para redução das emissões. E, se queremos reduzir emissões no setor de transporte, é essencial acelerarmos os investimentos em ferrovias. Portanto, esse projeto do Trem Intercidades de São Paulo tem altíssima relevância e urgência.

Um dos aspectos mais relevantes de um trem dessa natureza não está exatamente na sua função de transporte de passageiros. Mas é uma consequência da sua eficiência, confiabilidade, rapidez e de custos razoáveis. Consiste no seu imenso potencial para ser um indutor de um novo desenvolvimento urbano e metropolitano.

As cidades lindeiras ao projeto deveriam se engajar, junto com o governo do Estado, para adaptar seus planos diretores a esse novo equipamento e aproveitar a oportunidade para, com um novo desenho urbano, as cidades aumentarem a densidade populacional, estabelecerem novas centralidades econômicas com projetos urbanísticos que conectem residências, serviços e comércio em uma mesma área. Será plenamente factível você morar e trabalhar em cidades distintas.

A cidade de Washington desenvolveu um novo bairro a partir de uma nova estação de metrô, o NoMa, com uso misto do solo, criando uma área com residências, serviços e comércios, com demanda equilibrada de entrada e saída de pessoas durante os picos diários.

Essa coordenação urbanística pode, além de incrementar a demanda do trem, promover o desenvolvimento orientado pelo transporte, contribuindo para cidades mais sustentáveis, inclusivas, seguras e igualitárias.

Que a gente não perca a oportunidade oferecida pelo Trem Intercidades, quer seja para a largada da reconstrução das ferrovias de passageiros no Brasil, quer seja para mudar o desenho urbano das nossas cidades.

Vamos torcer e trabalhar para dar certo.

SMART CITIES E OS DESAFIOS DA MOBILIDADE URBANA[25]

Sempre que ouvimos a expressão *Smart Cities* a nossa imaginação viaja para robôs limpando as ruas, sensores supersofisticados coletando dados e imagens, *drones* sobrevoando nossas cabeças fazendo entregas ou transportando pessoas. Esse cenário futurista poderá compor o que chamamos de cidade inteligente, mas não será nunca a sua essência.

Uma cidade inteligente é antes de tudo uma cidade que tem como centro das suas políticas a otimização do uso dos recursos, a inclusão social, econômica e digital, a desburocratização e a capacidade de ser inovadora e disruptiva. Isso tudo pode acontecer – e é bom que aconteça – com uso de tecnologia, mas também pode acontecer com soluções simples e baratas.

No campo da mobilidade urbana, eu penso que temos três grandes desafios que podem ser resumidos nestas três palavras: Evitar, Substituir e Melhorar. Evitar a realização de viagens ou reduzir suas distâncias, substituir viagens motorizadas por mobilidade ativa e melhorar a oferta do transporte público, com política de uso do espaço e investimentos em infraestrutura.

Como uma cidade inteligente pode realizar essas três ações e alcançar uma mobilidade mais sustentável, segura e inclusiva?

Costumo dizer que, quando visitamos uma cidade que tem sérios problemas de mobilidade urbana, é como se estivéssemos diante de um paciente que tem febre. Sabemos que a febre não é a doen-

---

25. Publicado originalmente no *Portal Connected Smart Cities*, em 18 maio.2023. Disponível em: https://portal.connectedsmartcities.com.br/2023/05/18/smart-cities-e-os-desafios-da-mobilidade-urbana/. Acesso em 13 mai.2024.

ça, mas apenas o sintoma dela. Linhas de metrô e ônibus lotadas, trânsito congestionado e que provoca muitas mortes são sintomas de uma doença que é o inadequado planejamento urbano.

Cidades inteligentes focam em promover um novo desenvolvimento urbano que replique as centralidades econômicas em diversas áreas, diminuindo o desejo de viagem, porque as pessoas terão oportunidade de empregos nos bairros onde moram, ou em regiões bem mais próximas, evitando os imensos deslocamentos que, em geral, são necessários com o desenho atual das cidades brasileiras. Essa é a solução mais eficiente para uma mobilidade sustentável. Depois disso, as cidades inteligentes promovem a mobilidade ativa. Criam infraestrutura e desenvolvem soluções destinadas a incrementar a caminhada e o uso da bicicleta. Nada menos inteligente do que cuidar apenas do pavimento asfáltico para carros. Carros são responsáveis por apenas 26% dos deslocamentos no Brasil. As pessoas andam muito mais a pé e de transporte público. Paris, recentemente, redesenhou suas ruas centrais para os pedestres e para as bicicletas, além de outras políticas de incentivo à mobilidade ativa. Rapidamente viu uma explosão de novos ciclistas, que viajam sem emitir nenhum gás contaminante, sem causar barulho e praticamente sem riscos à segurança. O que pode ser mais inteligente?

Por fim, a prioridade ao transporte público, que, depois da mobilidade ativa, é o modo de transporte mais sustentável, inclusivo e seguro. Um ônibus Padron pode transportar quase 80 passageiros. A média de uso dos automóveis na cidade de São Paulo é de apenas 1,1 passageiro por carro. Ou seja, um ônibus costuma transportar o equivalente a 72 carros. Em uma cidade inteligente, esse ônibus teria 72 vezes mais espaço que o automóvel. Priorizar o transporte público, em uma cidade inteligente, significa garantir espaços exclusivos. Idealmente, com a construção de corredores de ônibus em pistas centrais, praticamente eliminando a interferência de congestionamentos sobre a operação dos coletivos. Mas uma faixa exclusiva, à direita, já ajuda muito, tendo potencial de incrementar em até 30% a produtividade dos ônibus. Fica uma dica: implantar faixas exclusivas não demanda vultosos investimentos. É preciso apenas tinta, para sinalização horizontal, placas, para sinalização vertical, e um eficiente sistema de fiscalização.

Planejar um desenho de rede de ônibus que integre diferentes níveis de serviço (linhas locais e troncais), com terminais e pontos de ônibus confortáveis e seguros. Implantar tecnologia que permita ao usuário o completo gerenciamento de suas viagens, diminuindo o tempo de espera pelos ônibus. Um sistema de cobrança de tarifas inteligente e que permita integrações tarifária.

Outra prioridade fundamental em uma cidade inteligente é a eliminação das mortes e ferimentos graves no trânsito. Nenhuma morte no trânsito deveria ser aceitável. Neste campo, com inteligência e pouco dinheiro se pode fazer muito. Gerenciar as velocidades das vias (maior fator de risco), redesenhar os espaços para proteção a pedestres e ciclistas, fiscalizar o comportamento no trânsito e engajar a sociedade em torno de uma agenda segura são características de inteligência. Fortaleza e Bogotá são duas cidades que demonstram o sucesso de uma política inteligente voltada para a segurança viária: reduziram em mais de 50% as mortes no trânsito na última década.

Como se vê, falamos muito de soluções inteligentes e quase nada sobre *drones* ou robôs. A inteligência as vezes está apenas em aplicar soluções simples, mas que implicam ampliar a sustentabilidade, a inclusão social e a segurança viária.

E O TREM?[26]

Escrevi, neste espaço, em novembro de 2022, que, ultrapassadas as eleições presidenciais, eu vivi o sonho de o novo governo anunciar um compromisso inédito com a mobilidade urbana, com os investimentos em transporte público, no acesso às cidades, na sustentabilidade e no desenvolvimento de uma indústria nacional.

Parte do sonho já se concretizou: o Ministério das Cidades foi recriado e com ele a Secretaria Nacional da Mobilidade Urbana. Quero registrar quão alvissareira foi a nomeação do ex-prefeito de Santa Bárbara D´Oeste, progressista cidade do interior de São Paulo, para o cargo. Em poucas semanas, Denis Andia recebeu todos os setores, escutou com atenção e tem demonstrado forte sensibilidade para liderar a política nacional da mobilidade urbana.

Contudo, partes do meu sonho, que penso ser o sonho de muitos dos leitores da coluna, ainda são quimeras.

Quero focar na ausência de um plano do governo federal para a retomada da nossa outrora pujante indústria ferroviária.

Recentemente, o governo federal anunciou um plano para incrementar a venda de carros. Redução de impostos para carros que eles denominam de "populares". Ainda não conheci um trabalhador das classes C e D, a imensa maioria da nossa população, que tenha se entusiasmado para comprar carros na faixa de sessenta mil reais. Ademais, repetem-se os equívocos do passado: promover a venda de automóveis contribuirá para piorar os graves congestionamentos das cidades brasileiras e a poluição gerada

---

26. Publicado originalmente na *Revista Ferroviária*, edição de maio-junho/2023. Disponível em: https://revistaferroviaria.com.br/2023/06/e-o-trem/. Acesso em 13 mai.2024.

pela queima de combustíveis fósseis, incrementar os índices inaceitáveis de mortes no trânsito e, de quebra, não será capaz de gerar empregos e nem o desenvolvimento de uma indústria limpa e moderna.

Já o WRI (World Resources Institute) publicou um estudo demonstrando que investimentos na indústria limpa e sustentável têm a capacidade de gerar muito mais empregos e de melhor qualidade do que investimentos na indústria tradicional.

As reações foram tantas e tão negativas que rapidamente o governo ajustou o plano para contemplar também incentivos aos ônibus urbanos. Esse tipo de incentivo, sim, é bem-vindo. Os custos de capital para aquisição dos ônibus impactam as tarifas do transporte público. Proporcionar redução de impostos deverá contribuir para a redução do preço que as pessoas pagam para assegurar acesso nas cidades brasileiras. Sonegamos a uma legião de brasileiras e brasileiros o direito básico ao acesso às oportunidades de trabalho e renda, serviços públicos e lazer. O IPEA acaba de divulgar importante pesquisa sobre o impacto da gratuidade do transporte público no dia das últimas eleições presidenciais. Os pesquisadores concluíram que a decisão não teve qualquer impacto no resultado do pleito, mas confirma a barreira que se cria com o preço do transporte. Muitas pessoas impedidas de viajar nas cidades, por falta de capacidade de pagamento das tarifas, puderam fazê-lo naquele domingo eleitoral. Não é à toa que a discussão em torno da redução, ou até mesmo eliminação, da cobrança das tarifas vem ganhando corpo na sociedade.

Ao acompanhar o anúncio do programa de incentivo à indústria de carros e ônibus, eu fiquei me perguntando: e o trem?

A indústria ferroviária de trens de passageiros tem longa tradição no Brasil. Fomos e podemos ser, a qualquer momento, uma plataforma produtora e exportadora de trens e outros equipamentos ferroviários. Temos parque industrial, profissionais competentes e experimentados e, fundamentalmente, muita demanda.

Faltam muitas novas linhas de metrô, trens metropolitanos e trens intercidades. Há uma frota de trens em todo o Brasil que precisa ser renovada. Há sistemas obsoletos clamando por modernização.

Na verdade, não nos falta quase nada para termos um complexo industrial ferroviário que atenda o mercado nacional atual e aquele que necessita ser expandido, possibilitando sermos competitivos também para atendimento do mercado internacional.

Não preciso me alongar aqui sobre os benefícios ambientais do transporte ferroviário e o imenso potencial que metrôs e trens de passageiros oferecem para redesenhar cidades, espraiando as centralidades econômicas.

Se temos a necessidade, o parque industrial, o conhecimento e o potencial mercado, o que, de fato, nos falta?

Uma política industrial, de desenvolvimento urbano e de mobilidade clara, estável e com visão de longo prazo.

Perdemos recentemente a nossa capacidade de produzir rodas de trens. E ainda não temos demanda que justifique uma fábrica local de rodeiros. Que país é esse, continental e com tradição ferroviária, que não possui demanda para fabricação de rodas de trens?

O governo federal ainda pode, e deve, olhar para a mobilidade urbana das cidades e contemplar o seu compromisso com a modernização e a expansão dos sistemas de transporte de passageiros sobre trilhos. O impacto da retomada da indústria ferroviária brasileira seria sentido na geração de empregos e divisas e na melhoria da economia urbana, com a redução de engarrafamentos, doenças respiratórias e mortes no trânsito e o aumento das oportunidades para negócios. Cidades paradas no caos do trânsito não são convidativas para novos investimentos. De quebra, contribuiria significativamente para as metas de redução de emissão de gases de efeito estufa.

Compete ao governo federal desenhar e liderar essa política de longo prazo, adotando a indústria ferroviária como estratégica para o país, beneficiando o setor com ações concretas de fomento e desenvolvimento. Precisam ser desenhadas linhas de crédito, feitos investimentos diretos do governo federal nos sistemas sobre trilhos, além de ser dada preferência à aquisição de bens produzidos no Brasil. Lembro-me das licitações conduzidas para aquisição de trens em 2007 no Metrô e na CPTM, quando o governo do Estado de São Paulo se valeu da escala da aquisição (40 trens na CPTM e 17 no Metrô) para possibilitar a abertura de nova fábrica de trens no Brasil.

Também registro que as novas medidas em favor das parcerias público-privadas, recentemente anunciadas pelo Ministério da Fazenda, podem favorecer novos investimentos privados nas ferrovias. Aqui, a conjugação das novas regras com a liderança do governo federal no desenho de projetos pode alavancar a expansão e modernização dos nossos trilhos.

Seguimos com esperança, afinal "a esperança é um dever do homem".

O PERIGOSO GLAMOUR DA VELOCIDADE[27]

Fui secretário de Mobilidade e Transportes da cidade de São Paulo entre 2017 e 2018. Entre as diversas atribuições formais do cargo, uma me chamou a atenção logo que assumi o posto: autorizar ou não o fechamento de ruas para o trânsito de veículos. Eram muitos os pedidos que chegavam. Fiquei curioso para saber a origem de tantas solicitações. Descobri que boa parte delas vinha de agências de publicidade, com o propósito de utilizarem o espaço para a gravação de filmes de propaganda. Quando um assistente me informou que a maioria dos pedidos era para gravar comerciais de automóveis, lembrei-me de que não se vê anúncio de carro no trânsito. O veículo destinado a encantar os consumidores está frequentemente andando, soberano, por ruas vazias. Publicidade não costuma rimar com realidade – a pessoa compra o automóvel e quando sai da concessionária para no primeiro de muitos engarrafamentos. Penso que esse tipo de anúncio mereceria uma reprimenda do Conar, o Conselho Nacional da Autorregulamentação Publicitária, uma vez que se assemelha ao que chamam de "propaganda enganosa".

Mas não é apenas essa falsa realidade que a indústria automobilística utiliza para vender seus carros-chefes, com o perdão do trocadilho. Há também o uso da velocidade como atrativo para a comercialização dos veículos. Atributos do tipo potência, torque e capacidade de chegar a 100 km/h em um átimo são sempre evidenciados em propagandas de automóveis. Vende-se carro para que se corra com ele.

Nos anos 1980, uma poderosa representante norte-americana

---

27. Publicado originalmente na *Revista Piauí*, em 20 jul.2023. Disponível em: https://piaui.folha.uol.com.br/o-perigoso-glamour-da-velocidade/. Acesso em 13 mai.2024.

dessa indústria instalada no país usava a imagem de um astro do automobilismo brasileiro para vender a versão esportiva de um de seus modelos. O piloto ligava o veículo e dizia: "Quando ouço o motor, sinto o desempenho, a raça". Em outro anúncio da mesma montadora, sua *pick-up* se deslocava velocíssima, saltando no solo, enquanto um helicóptero a sobrevoava, até que o carro dava um cavalo de pau, ao som de uma trilha típica de *blockbuster* de super-herói. Puxando pela memória, alcanço a propaganda de uma concorrente daquela fábrica, na qual uma canção dizia que o coração bate mais alto dentro de um veículo de tal marca, que media forças com um jatinho. Também me vem à mente o comercial de uma montadora europeia gabando-se de que um de seus automóveis passava de 0 a 100 em 8,2 segundos, e que sua velocidade final era de 220 km/h. "Os outros não fazem nem sombra", concluía a peça publicitária.

Essa mesma indústria, que reforça o tempo todo os atributos de aceleração, potência e velocidade máxima de seus produtos, é a grande fomentadora das competições esportivas entre carros, que ajudam a referenciar o "voo" sobre quatro rodas como sinônimo de ousadia, habilidade e, acima de tudo, sucesso. A minha geração – a de nascidos nos anos 1970 – foi embalada pelas vitórias de Nelson Piquet e Ayrton Senna nas manhãs de domingo. De fato, o glamour ao redor das corridas de F1 nos contagiava a todos. Queríamos ir ao fliperama gastar nossas fichas em simuladores de GPs ou passar tardes nos videogames também simulando velocidade, ultrapassagens, recordes e – imagine – acidentes! Os mais velhos vão se recordar dos autoramas e das disputas para estabelecer os mais rápidos naquelas pistas de brinquedo.

Vivemos bombardeados por diversas mensagens enaltecendo a velocidade como se fosse um elemento formador do caráter e, especialmente, da masculinidade. As questões de gênero e a violência no trânsito estão intimamente ligadas a isso.

O discurso do glamour da velocidade sempre foi muito mais dirigido a homens do que a mulheres. Automóveis foram concebidos por homens para serem adquiridos por outros homens. Um estudo recente mostra que as mulheres são mais propensas a ferimentos quando estão dentro dos veículos do que os homens. Os carros são desenhados para serem mais eficientes na proteção a eles do que a elas.

Em São Paulo, 93% das mortes no trânsito são causadas por homens. A sensibilidade masculina atende ao apelo do glamour da velocidade de maneira muito mais expressiva do que a feminina. Mulheres não enxergam automóveis como elementos de poder. São simples instrumentos de transporte. Homens, inebriados pela publicidade tóxica da indústria de veículos, são induzidos a comprar carros e a potencializar sua masculinidade através da velocidade e da agressividade.

Nos dias atuais, as redes sociais se tornaram as grandes impulsionadoras do culto à velocidade. Uma delas monetiza e permite monetização por meio da exaltação da velocidade e até de crimes de trânsito – como se fosse a coisa mais natural do mundo.

Eu mesmo já denunciei vários vídeos com esse conteúdo. Em um deles, o indivíduo desce a serra vindo de Campos do Jordão em direção a São Paulo ultrapassando diversos automóveis irregularmente e em alta velocidade, guiando um veículo de marca alemã. Na Rodovia Carvalho Pinto, o contumaz criminoso de trânsito ultrapassa 230 km/h e chega a disputar um racha com motocicletas. Todas as denúncias que fiz sobre essa postagem foram ignoradas pela plataforma.

Ela tem também diversos vídeos de crimes de trânsito cometidos na Estrada dos Romeiros (SP), onde há tráfego de ciclistas e pedestres. Em vez de tomar providências, a rede prefere seguir ganhando dinheiro com publicidade e permitir que os criminosos de trânsito participem dos lucros, incentivando um comportamento que é a maior causa de mortes entre jovens no planeta. Não por coincidência, as empresas desse segmento gastam fortunas em *lobbies* para evitar a regulação de suas atividades.

O consumo de cocaína é considerado um ilícito no Brasil. Logo, não esperamos encontrar uma loja anunciando a comercialização da droga nas esquinas de nossas cidades. Conduzir veículos nas vias públicas nacionais é atividade regulada pelo Código de Trânsito Brasileiro (CTB). Lá está definido que a velocidade máxima em tais vias é de 120 km/h. Ou seja, do mesmo modo que consumir cocaína é um ilícito, guiar acima desse limite também é. Contudo, não nos espantamos com o fato de as concessionárias venderem produtos que podem facilmente ultrapassar os 120 km/h, atingindo velocidades acima de 200 km/h. Mais do que isso, naturalizamos que comerciais desses carros enalteçam essa possibilidade como elemento sedutor para vendas. Claro que toda vida é valiosa, porém vale observar que a cocaína mata menos de 100 pessoas por ano no Brasil, contra quase 40.000 vítimas fatais do trânsito. Objetivamente: qual droga é mais perigosa?

Muitas medidas poderiam ser adotadas para melhorar nossa percepção ao risco da velocidade – e também para conter a exposição a esse risco.

Desde cedo, nas escolas, as aulas de ciências deveriam demonstrar às crianças que velocidade é o maior risco no trânsito e nas demais atividades humanas. Aulas de física deveriam destacar o risco que um corpo é submetido quando exposto à velocidade.

Na formação de condutores, a velocidade deveria ser apresentada como o maior risco de lesão e morte. Poucos motoristas sabem que um pedestre tem 90% de chance de sobreviver quando atingido por um carro a 30 km/h. E que essa chance cai 70% quando esse veículo está a 40 km/h. E que praticamente desaparece, 15% de chance de sobrevivência, quando o carro está sendo conduzido a 50 km/h. Ou seja, a sensação de uma pequena variação de velocidade para quem está dentro do automóvel elimina quase que integralmente a possibilidade de sobrevivência de um pedestre (ou mesmo de um ciclista ou motociclista).

Deveríamos nos inspirar na bem-sucedida política adotada na publicidade de cigarros. Há mais de vinte anos, as embalagens desses produtos divulgam fotos chocantes que alertam os usuários sobre os riscos do fumo. Igual medida deveria ser adotada no caso dos carros. Junto a qualquer peça de propaganda deles deveriam vir imagens de sinistros de trânsito. Tal medida seria uma forma de a indústria contribuir para diminuir o uso indevido dos veículos, algo que provoca tantas mortes e severas sequelas para as vítimas.

Na minha gestão como secretário, determinei que todos os ônibus urbanos, vinculados à prestação do serviço de transporte público de passageiros, tivessem suas velocidades limitadas a 50 km/h. Em menos de 60 dias, mais de 14.000 ônibus foram parametrizados para cortar a aceleração em caso de ultrapassagem daquele limite. Bastaria uma simples resolução do Conselho Nacional de Trânsito (Contran) para determinar a parametrização da velocidade máxima dos veículos a serem vendidos no país destinados ao trânsito em vias públicas. Naturalmente, qualquer um poderia comprar um carro para alcançar qualquer velocidade desejada, desde que para condução em pistas fechadas, sem risco a terceiros. Trata-se, porém, de uma discussão que nem sequer é cogitada nos órgãos de trânsito do Brasil. Parece-me óbvio: nenhum automóvel apto a ser licenciado para trafegar em vias públicas deveria estar habilitado a ultrapassar o limite de velocidade máxima previsto no Código de Trânsito Brasileiro. Do mesmo modo, o Conar já deveria ter editado normas para a publicidade de veículos, proibindo qualquer alusão a potência, velocidade, manobras arriscadas ou quaisquer outros elementos que induzam a comportamento ilícito e perigoso no trânsito.

Não há dúvida de que medidas assim exigem coragem para enfrentar uma indústria gigantesca, que, como dito anteriormente, sempre fez da velocidade um elemento de atração para o consumo dos seus produtos. Também não será pouca a resistência de toda uma geração alimentada pelo glamour da velocidade. Mas, diante da mortandade no trânsito, a tragédia que ceifa cotidianamente a vida de mais de 120 brasileiros, fora as centenas de sequelados, qual a alternativa?

Vejo muitas montadoras fazendo belas propagandas sublinhando sua responsabilidade social. Por que não se reúnem e decidem, em conjunto, limitar a velocidade de seus produtos, protegendo e salvando milhares de vidas em todo o globo? Até quando o discurso que se apresenta nobre conviverá com a realidade da comercialização de veículos que são verdadeiras máquinas de matar?

Já passou da hora de a indústria automobilística e os governos se conscientizarem de que a velocidade é o principal elemento causador das mortes e sequelas no trânsito. É preciso que eles ajam, imediatamente, para acabar com a rotina de carnificina nas vias públicas – que rouba o futuro das vítimas, devasta familiares e envergonha o país.

ONDE ANDA NOSSO USUÁRIO?[28]

Já vão ficando na nossa memória os tempos nefastos da pandemia da Covid-19. Vamos, dia a dia, graças à ciência, à medicina séria e às vacinas consolidando o cotidiano normal de nossas vidas, com interações pessoais, reuniões, escritórios, salas de aula etc.

Podemos considerar que voltamos ao que se pode chamar de normal. Mas que normal é esse em que os índices de ocupação dos sistemas de transporte coletivo estão abaixo do período pré-pandemia e os engarrafamentos de veículos estão mais elevados?

Durante a pandemia, sinalizávamos que o transporte público vivia a maior crise de todos os tempos, com o desaparecimento da imensa maioria dos usuários, que estavam em casa cumprindo as fundamentais medidas de isolamento sanitário. E que o retorno à vida normal poderia representar uma oportunidade para o transporte público crescer sua participação na matriz de viagens das cidades. Mas, para isso, era preciso agir durante a pandemia. Infelizmente, poucas cidades seguiram as diretrizes de redesenhar as ruas e avenidas, ampliando o espaço do transporte público. Na volta à normalidade, o transporte seria mais rápido, mais eficiente e mais confiável. Também se recomendava a implantação de ciclovias e a melhoria das calçadas. Paris, Bogotá e Porto Alegre foram cidades que aproveitaram o vazio das ruas para ocupá-las, durante a pandemia, com prioridade para a mobilidade ativa e o transporte público.

Também durante a pandemia, o Boston Consulting Group publicou o resultado de uma pesquisa que mostrava claramente que

---

28. Publicado originalmente na *Revista Ferroviária*, edição de julho-agosto/2023. Disponível em: https://revistaferroviaria.com.br/2023/09/onde-anda-nosso-usuario/. Acesso em 13 mai.2024.

as pessoas pretendiam trocar o transporte público por carros, tão logo os deslocamentos voltassem a ser rotineiros. Fácil de entender: medo da contaminação e as ruas vazias, durante as medidas de isolamento, que davam a ilusão de um trânsito mais fluido para carros. O Brasil era o país, entre aqueles que responderam à pesquisa, em que as pessoas mais fortemente mostravam a tendência de deixar o transporte público e ir para o carro.

O resultado está aí: nossos sistemas de trens e metrôs operando com demanda bastante inferior à capacidade de transporte e os congestionamentos de veículos com índices bastantes superiores.

Essa é uma realidade altamente indesejável sob qualquer ponto de vista. A queda da receita está gerando um drama para o financiamento do transporte público. Perda de receita facilmente leva a medidas de corte de custos, que, por sua vez, reduzem ainda mais a qualidade e a regularidade dos sistemas, levando a mais perda de passageiros. Aumentar o uso do carro implica mais emissões, mais sinistralidade e um uso irracional das ruas e avenidas. Ninguém, em sã consciência, pode advogar este cenário como ideal para as cidades.

A pergunta que se impõe é: uma vez que a maioria das cidades perdeu a oportunidade de redesenhar as ruas e o transporte público durante a pandemia, o que fazer agora? Há muito que se possa fazer, em diversas frentes.

Penso que a primeira delas é, e isso deveria ser um mantra, nunca reduzir a oferta ou a qualidade do transporte. A redução da oferta, se reduz custos, também reduz a confiança do usuário no transporte público. A economia de custos apurada no curto prazo resultará em perder mais receita no longo prazo. Só faz sentido para quem está enxergando sem visão estratégica. O poder público precisa compreender que esta não é a hora de reduzir custos. Mas, sim, de manter o nível de serviço ou até aprimorá-lo.

A outra ação é a priorização das ruas e avenidas em favor dos ônibus, que são alimentadores fundamentais dos sistemas sobre trilhos. Implementar faixas exclusivas de ônibus não custa quase nada de recursos e pode ser executado em questão de dias. Pode melhorar em até 30% a produtividade de uma linha de ônibus, incrementando o atributo mais importante de um serviço de transporte público: a regularidade e a confiabilidade dos intervalos prometidos. Com mais espaços para ônibus e menos para carros, o transporte público tende a ser muito mais atrativo.

Abrir os dados da localização dos ônibus e trens para que empresas de tecnologia ofertem soluções de gerenciamento de viagem também contribui muito para aumentar o apelo do transporte público. Em tempos de telefones inteligentes na palma da mão de todo mundo, ninguém mais quer esperar ônibus ou trem. Todos querem ser gerentes das suas vidas e viagens. Manter os dados abertos pode aumentar muito a oferta de soluções de gerenciamento e integração de viagens.

Outro caminho é gerenciar a demanda dos automóveis. Não há espaço para todos os carros nas cidades. O poder público deve atuar para racionalizar o uso das ruas e avenidas. Em São Paulo, temos o bem-sucedido rodízio municipal. Ampliar as áreas pagas para estacionamentos, encarecer o preço com tarifas dinâmicas, transferindo recursos para o transporte público, e finalmente termos a coragem de começar a cobrar pelo uso das vias públicas pelos automóveis, tal como já fazemos nas rodovias, são caminhos para desestimular o uso do carro e angariar novos fundos para investimentos e custeio do transporte público.

Os operadores também podem e devem fazer a sua parte. Limpeza, segurança e manutenção são elementos básicos e essenciais. Mas é preciso ir além: dotar as estações de trens e metrôs de espaços que incrementem a experiência do usuário na viagem. Quantos espaços ociosos nas estações poderiam ser áreas de convivência, estudo, trabalho ou até mesmo prestação de serviço? Precisamos ir além do pão de queijo ou da lojinha de celular. Os espaços das estações são muito mais nobres e têm potencial para incrementar, e muito, a experiência do nosso usuário.

É preciso uma força-tarefa, conectando operadores e poder público, para, juntos, recuperarmos a demanda perdida e iniciarmos um novo ciclo de prosperidade para o transporte público.

O TEMPO ESCORRE PELAS MÃOS[29]

Lulu Santos, nossa estrela do mais genuíno *pop* brasileiro, brindou-nos com um dos mais bonitos versos da música popular brasileira: "Hoje o tempo voa, amor, escorre pelas mãos..." Na verdade, traduziu para a poesia a expressão latina *tempus fugit*, ou seja, o tempo voa.

A passagem do tempo, apesar de absoluta do ponto de vista da física, pode gerar diferentes percepções conforme as pressões, aflições, angústias ou alegrias.

Para governos, em geral o tempo sempre passa de forma muito acelerada. Os mandatos de quatro anos fazem com que as ações governamentais precisem ser encaradas com senso de urgência. Políticas públicas exigem planejamento, ampla negociação e criação de consensos, que consomem, naturalmente, bastante tempo. De outro lado, está a urgência em agir. As carências da população, as necessidades inadiáveis e as consequências nefastas do não agir. Para quem já trabalhou em governos, isso é muito claro: quarenta e oito meses passam num átimo.

Recentemente, o governo federal recebeu das mãos da NTU – Associação Nacional das Empresas de Transporte Urbano um substancioso documento com a proposta de um sólido plano de recuperação e fomento do transporte público urbano de passageiros, intitulado "Novo Programa Nacional de Mobilidade Urbana – Ampliar Acesso, Reduzir Desigualdades e Apoiar a Indústria."

O programa apresentado ao governo federal está sustentado em

---

29. Publicado originalmente na *Revista NTUrbano*, edição 64 de julho-agosto/2023. Disponível em: https://ntu.org.br/novo/ckfinder/userfiles/files/MobilidadeColetiva64.pdf. Acesso em 13 mai.2024.

quatro pilares, e representa uma alternativa de enfrentamento da grave crise de financiamento do transporte público. Como se sabe, o transporte público urbano é a espinha dorsal da mobilidade nas cidades brasileiras. As tarifas cobradas dos usuários não são suficientes para o custeio da produção do serviço. Quer seja pelas limitações de renda dos cidadãos, que não podem mais comprometer seus parcos recursos com o pagamento das passagens, quer seja pela elevação dos custos de produção e, ainda, pela contínua perda de demanda de passageiros, a conta não fecha mais. É preciso encarar, como já se faz em algumas cidades brasileiras, a necessidade de novas fontes de financiamento. A crise é grave e aguda, exigindo pronta resposta dos três níveis federativos. A cada dia que passa, a frota envelhece e o nível de qualidade do serviço decai, criando um ciclo negativo que leva à fuga de mais passageiros, só agravando o quadro.

Esses pilares são: um novo modelo de financiamento, apoio na renovação da frota, política nacional de prioridade ao transporte público na gestão do espaço nas cidades e aprimoramento da governança pública na gestão dos sistemas.

1. Um novo modelo de financiamento

Desde 1985, o Brasil tem um modelo de financiamento das viagens dos trabalhadores que é um exemplo para o mundo: o vale-transporte. Os trabalhadores formais que dependem do transporte público não gastam mais do que 6% de sua renda com o pagamento das passagens. A diferença é custeada pelos empregadores. Ocorre que a sensibilidade desse programa vem diminuindo ao longo do tempo com a crescente modificação do regime de trabalho, que não mais é baseado quase que exclusivamente no emprego formal.

A proposta trazida pela NTU inclui uma legião de cidadãos brasileiros que estão alijados do transporte público. A NTU propôs a criação de um modelo de oferta de viagens pelo governo federal aos beneficiários do Bolsa Família. A ideia é a criação do Bolsa Transporte, para permitir a inclusão, com gratuidade no transporte público, para 15 milhões de pessoas de 18 a 64 anos pertencentes ao Bolsa Família e residentes em cidades com transporte público regulamentado. Representa um aporte que pode variar entre R$ 7 bilhões e R$ 29 bilhões anuais, dependendo da extensão que se dê ao benefício. Com o aporte desse recurso mínimo como forma de subsídio, ao mesmo tempo em que beneficia pessoas atualmente excluídas do transporte público, estima-se que se possa reduzir a tarifa para toda a população em 9,7%.

A inclusão dessas pessoas no sistema de transporte público, além de representar uma injeção de recursos nos sistemas, vai propiciar uma enorme contribuição para a diminuição das desigualdades sociais. A tarifa de transporte representa uma verdadeira barreira de acesso às pessoas vulneráveis. Ao impedir o acesso ao transporte, elas são alijadas da oportunidade de emprego e renda, do alcance aos serviços públicos essenciais e ao lazer. Para além da imensa injustiça social, a exclusão também é maléfica para a economia: essas pessoas não saem de casa ou quando muito de seus bairros. Assegurando a elas o seu direito básico e constitucional de acessar a cidade, poderão também fazer parte da roda de trocas de economia, beneficiando não só a si próprias, mas também a toda a sociedade.

2. Apoio na renovação da frota

A idade da frota é decisiva para manutenção da qualidade e segurança do transporte público de passageiros. Em geral, as cidades buscam uma idade média de 5 anos e uma idade máxima de 10 anos dos ônibus em operação. Esses são os números adotados como parâmetros máximos com vista a garantir a excelência dos serviços.

Ocorre que, com a crise de financiamento, extremamente agravada durante a pandemia, esses números cresceram e assustam. Segundo estudo recente publicado pela NTU, a idade média atual da frota é de sete anos. Seriam necessários mais de 31 mil novos ônibus para trazer a média para o ideal. Um investimento de mais de 30 bilhões de reais, se considerarmos a necessidade premente de eletrificação de parte da frota, para cumprirmos as necessárias metas para redução das emissões.

Ao mesmo tempo, é preciso sempre registrar a pujança do Brasil como plataforma fabricante e exportadora de chassis e carrocerias de ônibus. A indústria é um patrimônio da sociedade brasileira e é necessário combatermos a redução da sua importância na geração da riqueza nacional.

A conjugação dessas duas necessidades, indica o documento apresentado pela NTU, deve levar o governo federal a liderar um ambicioso programa de fomento à renovação da frota, com apoio no financiamento desses veículos, que, ao fim do dia, beneficiam diretamente os milhões de brasileiros que viajam no transporte público e todas as cidades, uma vez que novos ônibus, mesmo a diesel, são menos poluentes e mais seguros.

O governo federal deveria liderar a formação de um consórcio de bancos multilaterais (BRICS, BIRD, BID e CAF), agências internacionais de desenvolvimento, bancos nacionais públicos (BNDES, BB e CEF), bancos e agências nacionais para constituição de um Fundo de Financiamento para Renovação da Frota.

3. Prioridade para o ônibus nas ruas e avenidas das cidades

Mas de nada adianta trazer mais pessoas em ônibus novos se eles continuarem sofrendo parados nos engarrafamentos das grandes cidades.

Os ônibus são atrativos quando são rápidos e pontuais. A rapidez e a pontualidade dependem diretamente da preferência que é dada a eles nas ruas e avenidas. Faixas e corredores exclusivos são essenciais para aumentar a produtividade do sistema e dar ao usuário a tranquilidade da passagem do ônibus nos horários previstos e na realização da viagem em tempos menores do que se fosse feita de automóvel.

O governo federal, no papel de formulador da política nacional de mobilidade urbana, deve liderar as cidades brasileiras na ampliação da adoção de faixas exclusivas e corredores de ônibus, tanto com apoio técnico como com financiamento para sua implantação.

O programa da NTU propõe a construção de 9.000 quilômetros de infraestrutura para propiciar prioridade na via para os ônibus, conforme estabelecem os princípios e diretrizes da Política Nacional de Mobilidade Urbana (Lei 12.587/2012), composta por faixas exclusivas, corredores centrais e BRT, em cidades acima de 250 mil habitantes.

4. Melhoria da governança

A gestão dos sistemas de transporte público exige uma mentalidade inovadora e novos parâmetros jurídicos, econômicos, de planejamento e operacionais. As relações jurídicas ficaram mais sofisticadas e complexas, desafiando novas soluções que correspondam aos desafios apresentados.

A NTU apresentou ao governo federal a ideia de criar um consórcio de instituições a ser liderado pela Secretaria Nacional de Mobilidade Urbana e que poderá ser integrado por bancos e agências multilaterais, agências de desenvolvimento do Brasil ou do exterior, universidades e organizações da sociedade civil para o desenvolvimento de programas de qualificação e treinamento para agentes públicos das três esferas de governo. Propõem-se quatro programas: aprimoramento institucional; de apoio à integração metropolitana; de seleção de projetos de governança; e de monitoramento e avaliação de programas de governança.

A junção desses quatro pilares tem o potencial de transformar a mobilidade urbana nas cidades brasileiras. Não existe dúvida quanto a isso. Certamente também existem outras soluções que poderiam ser agregadas para o fomento do transporte sustentável, seguro e inclusivo.

Contudo, o fundamental aqui, como dito no início deste artigo é o tempo. O não agir pode levar a consequências nefastas e a perdermos o que temos: embora combalido, temos um sistema de transporte público minimamente estruturado e com grande alcance na imensa maioria das cidades brasileiras.

Recentemente, fomos brindados com o anúncio da inclusão de um programa de apoio à renovação da frota de ônibus na novel versão do Programa de Aceleração de Crescimento. Alvissareira a notícia. Mas, sozinho, esse programa não é capaz de salvar e revitalizar o transporte público no Brasil.

É fundamental que, agora, de imediato, o governo federal abrace as outras iniciativas propostas, com ajustes ou não, com nuances ou não, naturalmente, mas que promova ações efetivas e contundentes no sentido de equacionar o financiamento do custeio e a inclusão da população economicamente vulnerável nos sistemas de transporte. Ao mesmo tempo, lidere o redesenho das ruas em favor da produtividade, regularidade e tempo de viagem, sem descuidar do aprimoramento institucional da governança pública.

A sociedade civil e o setor privado estão fazendo sua parte: contribuindo com sugestões concretas, factíveis e exequíveis. A bola está, agora, com o governo federal. É hora do gol!

TRANSPORTE RODOVIÁRIO DE PASSAGEIROS: UM NOVO MARCO[30]

O transporte rodoviário de passageiros no Brasil tem uma natureza essencial para uma parcela significativa da população.

O Brasil é um país de dimensões continentais que se ressente da falta de uma malha ferroviária para o transporte de passageiros. Deveríamos morrer de vergonha ao constatarmos que temos apenas duas conexões de trens de passageiros de longa distância em todo o território nacional: a Estrada de Ferro Carajás e a Vitória a Minas. E pensar que há cem anos tínhamos dezenas de milhares de quilômetros de conexões ferroviárias. Como nação, este é um dos nossos maiores fracassos.

Restaram as conexões aéreas e rodoviárias. As conexões via aérea não se destinam à imensa maioria da população e, em curtas distâncias, nem são tão eficientes em termos de tempo e confiabilidade. Tem-se, então, que as viagens rodoviárias são elemento essencial de integração do território nacional e de possibilidade de mobilidade para a maior parcela da população.

Este é um setor regulado pelo poder público, e assim deve continuar sendo. Não sou dos que advogam a completa liberalização do setor, como se o transporte de pessoas fosse apenas um negócio, um mero serviço privado que pode ser explorado de acordo com a lógica exclusiva de mercado. Não é. A Constituição Federal deixa isso claro quando delega à União e aos Estados a titularidade do serviço e a tarefa de delegá-lo ao setor privado mediante regras e condições específicas.

---

30. Publicado originalmente no jornal *O Estado de S. Paulo*, em 30 set.2023. Disponível em: https://www.estadao.com.br/opiniao/espaco-aberto/transporte-rodoviario-de-passageiros/. Acesso em 13 mai.2024.

A regulação é essencial para garantir a regularidade, a capilaridade, a segurança e confiabilidade do sistema. Este é um mercado que possui naturais desequilíbrios, que não podem ser corrigidos com a simples atuação das leis de oferta e procura.

Há cidades, por exemplo, que não possuem demandas que justifiquem a instalação de linhas de ônibus. Contudo, isso não justifica que essas populações fiquem isoladas. É o Estado quem deve atuar para corrigir esses naturais desequilíbrios. Também não pode ficar a exclusivo critério do setor privado que tipo de ônibus será oferecido, os padrões de segurança e treinamentos dos motoristas. São elementos essenciais para garantir a segurança dos passageiros.

Como premissa essencial deste artigo, então, quero estabelecer que a presença do Estado e a regulação do serviço são comandos constitucionais que não podem ser afastados. E os objetivos da regulação devem ser, essencialmente, repito: garantir capilaridade, regularidade, atendimento de todas as demandas, garantias mínimas de qualidade e máximas de segurança.

Contudo, há muito espaço para se incrementar uma natural competitividade entre os atores privados que exploram o serviço, visando trazer a inteligência, agilidade e competitividade e logrando proteger os valores que inscrevi no parágrafo acima.

Nos últimos anos, o governo federal tem atuado para buscar o equilíbrio preconizado acima, sem se deixar levar pelos argumentos sofismáticos de renunciar a qualquer papel regulador. Não é tarefa fácil alcançar uma regulação que contemple a garantia da qualidade do serviço e, ao mesmo tempo, uma competitividade que incorpore certa lógica privada de competição.

O primeiro passo foi dado quando se instituiu um regime de autorizações que permitiu a novos entrantes explorar mercados que até então eram fechados a algumas empresas.

A experiência foi exitosa, sob a perspectiva do usuário. Em algumas linhas, houve um incremento significativo de oferta, redução de preço e aumento do número de cidades atendidas. Ao mesmo tempo, não se tem notícia de empresas que foram à quebra ou insolvência.

Com esse modelo, o empresário precisa obedecer às diretrizes do setor público, ou seja, não pode fazer o que bem entender, garantindo qualidade e segurança, mas o incremento de competição levou à redução dos preços das passagens e melhoria do atendimento.

Neste ano, a ANTT lançou um importante debate sobre o detalhamento da regulação desse regime de autorizações. Há que se registrar, positivamente, a iniciativa do órgão regulador de promover intenso debate entre todos os atores relevantes para a construção de um modelo que assegure os valores essenciais na defesa do interesse de quem mais importa: o passageiro.

É preciso que o modelo a ser implantado siga o passo de buscar não impedir a entrada de novos competidores nesse mercado nem promover uma completa desregulamentação do setor. O espaço é tênue e corre-se o risco de frustrar o objetivo desejado.

Deve-se buscar o aprimoramento do sistema de autorizações, assegurando que as empresas que demonstrem o atendimento dos padrões de segurança e qualidade possam disputar o mercado, assegurando a ampliação de oferta e competição saudável entre os ofertantes de viagens.

Compete à agência exigir o atendimento não só das linhas tidas como lucrativas, mas também o atendimento daquelas cuja demanda não gera tanto interesse aos transportadores.

Também se deve evitar que exigências outras sejam criadas de forma a inibir a entrada de novos competidores e terminar frustrando o maior objetivo do regime de autorizações: ampliar a oferta do serviço sem o Estado renunciar ao seu dever de proteger o passageiro, assegurando qualidade e segurança nas viagens.

TRANSPORTE DE PASSAGEIROS SOBRE TRILHOS: PÚBLICO OU PRIVADO?[31]

Na semana do dia 03 de outubro passado, o sistema de transporte sobre trilhos na região metropolitana de São Paulo teve suas atividades paralisadas por força de uma greve promovida pelos sindicatos de trabalhadores do Metrô e da CPTM. Fazia tempo que os sistemas não eram completamente interrompidos, uma vez que tanto o Metrô como a CPTM lograram desenvolver estratégias operacionais para manutenção de algumas linhas em operação, mesmo com greves decretadas. A razão da greve foi a anunciada concessão à iniciativa privada das linhas remanescentes sob responsabilidade do Estado, tanto metroviárias como ferroviárias.

Quase todas as linhas de Metrô do Brasil já estão sob operação da iniciativa privada: Metrô do Rio de Janeiro, Metrô de Salvador, Metrô de Belo Horizonte, Linhas 4, 5, 6 e 17 do Metrô de São Paulo, VLTs do Rio e da Baixada Santista. Nas ferrovias metropolitanas, também é acentuada a presença da gestão privada: Supervia do Rio de Janeiro, Linhas 8 e 9 da CPTM de São Paulo. Restam as linhas da CBTU, o Metrô de Fortaleza, do Distrito Federal, a Trensurb de Porto Alegre, as Linhas 1, 2 e 3 do Metrô de São Paulo e as Linhas 7, 11, 12 e 13 da CPTM.

O tema costuma despertar paixões filtradas por um viés ideológico. Há escolas políticas e econômicas, reunidas sob o conjunto de uma ideologia, que defendem uma participação mais acentuada do Estado, inclusive na operação dos serviços públicos de trans-

---

31. Publicado originalmente na *Revista Ferroviária*, edição de setembro-outubro/2023. Disponível em: https://revistaferroviaria.com.br/2023/10/transporte-de-passageiros-sobre-trilhos-publico-ou-privado/. Acesso em 13 mai.2024.

porte. Há outras, que também congregam conjuntos de ideias, que advogam uma redução do espaço estatal, especialmente na operação de infraestrutura e na provisão dos serviços públicos.

Esse embate de visões de mundo é saudável, porque afinal há mesmo bons argumentos dos dois lados da celeuma e a síntese dos antagonismos costuma ser uma sábia conselheira para a tomada de decisões. E há também boas experiências em ambos os campos do pensamento. Existem serviços públicos de transporte que são exemplares em qualidade. Penso que podemos alocar o próprio Metrô de São Paulo e a CPTM como empresas que são referência internacional no setor, além de sistemas como Nova York, Madrid e Paris. Do lado privado, também temos soluções e serviços exemplarmente prestados. O VLT do Rio de Janeiro, a Linha 4 de São Paulo e o Metrô de Salvador são bons exemplos de excelentes serviços. Aliás, foi a concessão do Metrô de Salvador que permitiu a retomada e conclusão de uma obra que permaneceu 14 anos paralisada nas mãos do setor público.

Como podem perceber, não sou dos que advogam que apenas uma, entre as duas possibilidades, deve ser adotada em todos os casos. Mas, para que não acusem o colunista de um militante da causa do muro, quero trazer algumas ideias que, espero, possam contribuir para um debate construtivo no sentido de estabelecer bons critérios para a decisão da concessão ou não de linhas de transporte sobre trilhos.

O primeiro bloco de perguntas que devem ser respondidas é: para que conceder? O serviço é ruim, mas o privado pode fazer melhor? O serviço é bom, mas o Estado não tem recursos para modernizar ou ampliar? O serviço é de qualidade, bem avaliado, mas é caro e o privado pode fazer melhor? As respostas a este tipo de pergunta são essenciais para se construir o modelo ideal de concessão. Não faz sentido transferir para o setor privado, se não for para ampliar ou modernizar a infraestrutura, para o serviço ser mais bem prestado, ou ser mais econômico, reduzindo o custo para o usuário e a sociedade.

O segundo bloco de perguntas, tão importante quanto o primeiro: eu, Estado, sei operar? Sabendo operar, saberei fiscalizar e regular? Quais desafios institucionais tenho que superar para construir uma atividade fiscalizatória e regulatória que assegure a proteção dos usuários, o equilíbrio contratual e o interesse público durante anos seguidos de concessão? Como tratar a assimetria de informações técnicas, altamente diversas e complexas, na gestão de um contrato de concessão de sistema sobre trilhos? Contratos de concessão têm resultados tão bons quanto a qualidade da regulação levada a termo pelo setor público.

Engana-se quem pensa que concessão significa, necessariamente, a diminuição da atividade estatal. É, na verdade, uma mudança de natureza, mas não de intensidade. Deixa-se de operar para regular. E regular exige, especialmente em um setor complexo tecnicamente, alto grau de conhecimento, experiência, independência e atualização permanente.

O terceiro lote de perguntas que devem ser respondidas: quais os benefícios assegurados à população com a concessão? A tarifa poderá ser reduzida? O serviço será modernizado e/ou ampliado? Os tempos de viagem diminuirão? Em quanto tempo? Por que o Estado não é capaz de fazer o mesmo?

Penso que essas reflexões pragmáticas podem nortear bons projetos ou contribuir para impedir projetos ruins de concessão. O tema deve ser encarado de forma pragmática e, especialmente, transparente para os usuários e para a sociedade.

O PAPEL CRUCIAL DA COP28 E UM PLANO DIRETOR DAS FERROVIAS 2024-2054[32]

A Conferência das Partes (COP) é um evento global que desempenha um papel fundamental na discussão e implementação de medidas para combater as mudanças climáticas. A COP28, que acontece enquanto escrevo este artigo, será um marco crucial para o Brasil, não apenas em termos de compromissos ambientais, mas também em relação aos investimentos necessários para atingir metas sustentáveis.

Uma área particularmente relevante é o setor de transportes sobre trilhos, cujo desenvolvimento pode desempenhar um papel significativo na redução das emissões de gases de efeito estufa no país. Nos últimos quatro anos, o Brasil se posicionou como pária no palco da mobilização global em torno da descarbonização e dos investimentos para a sustentabilidade. Basta lembrar que o Fundo Amazônia foi desprezado e imobilizado.

A COP28 oferece uma plataforma para o Brasil reafirmar seu compromisso com a redução das emissões de gases de efeito estufa e a transição para uma economia de baixo carbono. O país enfrenta desafios significativos relacionados a desmatamento, queimadas e emissões provenientes do setor de transportes. Nesse contexto, a conferência representa uma oportunidade crucial para o Brasil apresentar políticas e projetos inovadores que abordem essas urgentes ações em favor da sustentabilidade.

Os transportes sobre trilhos têm sido reconhecidos como uma

---

32. Publicado originalmente na *Revista Ferroviária*, edição de novembro-dezembro/2023. Disponível em: https://revistaferroviaria.com.br/2023/12/o-papel-crucial-da-cop28-e-um-plano-diretor-das-ferrovias-2024-2054/#:~:text=A%20COP28%20oferece%20uma%20plataforma,provenientes%20do%20setor%20de%20transportes. Acesso em 13 mai.2024.

alternativa sustentável e eficiente em comparação com os modos de transporte tradicionais, especialmente no que diz respeito à redução de emissões de carbono. O Brasil, um país vasto e diversificado, pode se beneficiar significativamente ao investir em sistemas ferroviários modernos e ambientalmente amigáveis.

Sistemas ferroviários são conhecidos por serem mais eficientes energeticamente e produzirem menos emissões por passageiro transportado em comparação com veículos movidos a combustíveis fósseis. O Metrô de São Paulo, sozinho, economiza por ano 618 mil toneladas de CO_2 na atmosfera. Cada passageiro contribui com uma redução de 3 g de CO_2 por quilômetro percorrido.

Investir em sistemas ferroviários urbanos pode contribuir para a redução do congestionamento nas grandes cidades, melhorando a mobilidade e diminuindo o número de veículos individuais nas vias. A operação das linhas do Metrô de São Paulo economiza 136 milhões de reais por ano em sinistros de trânsito.

O transporte de carga por ferrovias é uma opção mais sustentável em comparação com o transporte rodoviário, reduzindo a pegada de carbono associada à logística de mercadorias.

Apesar das vantagens evidentes, a expansão dos transportes sobre trilhos no Brasil enfrenta desafios, como a necessidade de investimentos significativos em infraestrutura, a superação de obstáculos regulatórios e a integração eficiente com outros modos de transporte.

Ainda não temos um Plano Diretor das Ferrovias, no qual deveríamos planejar a expansão e modernização de nossa malha ferroviária, tanto de passageiros como de cargas, de longa distância e urbana, para os próximos 30 anos, por exemplo. Que sonho seria, nos próximos meses, o governo federal, os Estados e grandes cidades, aliados ao setor produtivo, à sociedade civil e à academia, reunidos em um Grupo de Trabalho, elaborarem o Plano Diretor das Ferrovias do Brasil, definindo os investimentos que serão realizados nos anos vindouros, reservando uma parcela dos orçamentos públicos, assim como desenhando a participação privada. Todos saberíamos os passos para os 30 anos seguintes, permitindo planejamento, engajamento e execução eficientes. Que impacto soberbo isso teria na indústria, no meio ambiente, na logística e na eficiência do nosso país.

Os poucos investimentos são feitos como solavancos de carro quase sem bateria. Vamos resolvendo o que parecer ser mais urgente conforme demandas e necessidades regionais. É preciso organizar o investimento assegurando sua perenidade e enxergando as prioridades como partes de um grande plano nacional de desenvolvimento da logística de carga e do transporte de passageiros.

Pode ser até que os valores a serem aplicados não sejam exatamente aqueles dos nossos sonhos. Mas, ao sabermos de antemão quais os investimentos prioritários para os próximos 30 anos e de que forma os recursos serão assegurados, poderemos planejar o tamanho da indústria, os ganhos de eficiência e, com resultados positivos, alavancarmos ainda mais recursos e esforços.

Precisamos olhar o problema como fez Juscelino Kubitschek ao criar o seu programa de metas. O projeto definia os objetivos (eram 30), organizados em cinco setores: energia, transporte, indústria, educação e alimentação.

O envolvimento do setor privado, por meio de parcerias público-privadas, pode desempenhar um papel vital na superação desses desafios. A atração de investimentos privados não apenas alivia a pressão sobre os recursos públicos, mas também traz *expertise* e eficiência na implementação de projetos de transporte sobre trilhos.

A COP28 oferece ao Brasil uma oportunidade única para consolidar seu compromisso com a sustentabilidade ambiental e promover investimentos estratégicos em setores-chave, como os transportes sobre trilhos. Ao abordar desafios específicos e aproveitar as vantagens dos sistemas ferroviários, o Brasil pode não apenas cumprir suas metas climáticas, mas também impulsionar o desenvolvimento econômico sustentável e melhorar a qualidade de vida de sua população.

Para que a COP28 não seja mais uma grande frustração, como bem disse o presidente da República em relação às conferências anteriores, poderia ele mesmo, por decreto, criar o Grupo de Trabalho que, com senso de urgência e prioridades, em 6 meses poderia nos brindar com o Plano Diretor das Ferrovias 2024-2054. Por que não fazer?

O TREM CAMPINAS-SÃO PAULO É UMA VITÓRIA DE TODA A SOCIEDADE BRASILEIRA[33]

O dia 29 de fevereiro de 2024, exótico pela sua repetição a cada quatro anos, agora também pode entrar para a história como o dia oficial da retomada dos trens de passageiros de média e longa distância no Brasil. Nessa data, tivemos o vencedor do leilão da licitação realizada pelo governo do Estado de São Paulo.

Quem da minha geração, aqueles nascidos nos fins dos 1960 ou início dos 70, não se lembra de ouvir um familiar mais velho recordando as viagens ferroviárias, seguras, confiáveis e confortáveis? Até hoje, eu tenho no meu imaginário o carro – ou vagão, para os leigos – onde as pessoas podiam fazer refeições, como se fosse um restaurante.

Um dos maiores fracassos da nossa nação, no sentido de sermos um povo que se unifica por diferentes componentes culturais, foi o desmonte da malha ferroviária pujante e que fazia inveja em todo o mundo.

Fico sempre imaginando como explicar para um alemão ou para um japonês que, sem termos sofrido nenhum bombardeio, terremoto ou furacão, reduzimos espontaneamente uma malha ferroviária que conectava praticamente o Brasil a apenas duas linhas: as estradas de ferro Vitória a Minas e a Carajás.

Praticamente todo o transporte de passageiros sobre trilhos no Brasil é realizado por trens metropolitanos.

---

33. Artigo publicado no Caderno Mobilidade do jornal *O Estado de São Paulo*, em 02 mar. 2024. Disponível em: https://mobilidade.estadao.com.br/mobilidade-para-que/trem-sao-paulo-campinas-e-uma-vitoria-de-toda-a-sociedade-brasileira/. Acesso em 13 mai.2024.

Por mais de dez anos, o governo do Estado de São Paulo estudou o projeto de implantação de um trem intercidades que conectasse a sua capital a algum outro centro metropolitano. A opção escolhida, depois de alguns anos de indefinição em razão da expectativa do trem de alta velocidade, foi a conexão entre a cidade de São Paulo e Campinas. Faz todo sentido porque são as duas maiores regiões metropolitanas do Estado. São Paulo tem mais de 23 milhões de habitantes e Campinas, por sua vez, mais de 3 milhões.

Tenho demonstrado que um projeto dessa magnitude não é apenas um projeto de transporte, apesar de resolver várias equações neste campo ao mesmo tempo. Contribui imensamente para a descarbonização do deslocamento das pessoas. Vale sempre lembrar que o setor de transporte é um dos que mais emitem gases de efeito estufa. Qualquer iniciativa que transfira pessoas para modos de transporte mais eficientes e sustentáveis é muito bem-vinda. O trânsito também é a maior causa de mortes entre jovens no Brasil. Perdemos mais de 100 pessoas por dia nas rodovias e ruas brasileiras. As ferrovias são infinitamente mais seguras. E o transporte ferroviário também é mais confiável e rápido. Ou seja, por qualquer ângulo que se olhe, o trem oferece muito mais vantagens que os automóveis e mesmo os ônibus.

Mas, para além de ser uma solução para o transporte, um sistema ferroviário que conecte, de forma limpa, rápida e confiável, Campinas a São Paulo em exatos 64 minutos, poderá oferecer uma formidável solução de planejamento urbano e de sinergia entre as duas metrópoles.

Poderemos tranquilamente conviver entre as duas regiões metropolitanas como se absolutamente integradas estivessem. Distâncias não se medem em quilômetros, mas em tempo. Reduzir drasticamente o tempo de deslocamento e oferecer uma certeza quanto a esse tempo, que os engarrafamentos das rodovias e vias são incapazes de permitir às viagens rodoviárias, irá possibilitar que moremos em uma e trabalhemos ou estudemos em outra.

As possibilidades de conexão irão se multiplicar, provocando uma imensa sinergia. Talentos e valores de Campinas poderão ser utilizados em São Paulo e vice-versa de forma muito mais intensa do que nos dias de hoje. E é preciso lembrar que o trem também irá conectar Valinhos, Vinhedo, Louveira e Jundiaí. Espera-se um intenso desenvolvimento imobiliário nas regiões de influência do trem.

Por isso, o poder público precisa ficar atento para atuar evitando a gentrificação de áreas e induzindo um desenvolvimento urbano sustentável, inclusivo, democrático e que promova a melhoria da qualidade de vida de todos, e não apenas lucro do setor imobiliário ou repetição de erros que levam a bairros de uso exclusivo e não sustentável.

Também se espera que o poder concedente esteja preparado, atento e independente para regular o contrato de forma a garantir o seu equilíbrio entre Estado e concessionária, mas sem perder de vista os direitos do usuário do serviço.

Por fim, é tempo de celebrarmos e comemorarmos. Sem deixar de torcer para o sucesso do projeto, que, ao final, não é a existência de um vencedor do leilão, mas, sim, a operação do trem intercidades transportando milhares de pessoas todos os dias. Ainda há um longo caminho para percorrermos.

UM DISCURSO

Passei o Carnaval de 2022 na casa de meu pai, em Curitiba. Desde novembro de 2019 ele vinha lutando contra um câncer de pulmão. Naquela altura, ele estava bem, mas o tumor já tinha passeado pelo corpo dele. Já tínhamos eliminado o tumor do pulmão, mas ele reapareceu no rim. Vencemos o do rim e ele apareceu nos dois hemisférios do cérebro. Uma radiocirurgia eliminou os dois. Um pequeno tumor insistia em permanecer na glândula suprarrenal. Mas um bom médico e uma disposição ímpar do Seu Rui faziam com que tudo estivesse sob controle e seu estado geral fosse bom. Passávamos o tempo jogando xadrez ou lembrando de histórias da sua vida profissional, forjada quase toda na indústria de caminhões ou ônibus. Eu gostava de estimular nele as memórias do tempo da Mercedes. Ao mesmo tempo que percebia sua alegria, eu também me deixava embalar com passagens que se conectavam com a minha infância e juventude.

O diagnóstico da doença dele coincidiu com o início da pandemia. Eu morava longe, em Washington, mas o regime de trabalho em casa me permitiu voltar ao Brasil e, com isso, pude passar longos tempos com ele em Curitiba. Acompanhei quase todas as etapas do tratamento.

Durante aquele Carnaval, do nada ele me perguntou se eu conhecia al-

gum vereador em São Paulo. Eu respondi que sim, vários, afinal tinha sido secretário de Mobilidade e Transportes da cidade. Mas fiquei curioso com a pergunta do meu pai. E ele me esclareceu: "Acho que você merecia o título de cidadão da cidade de São Paulo. Você trabalhou tanto pela mobilidade das pessoas, pelo desenvolvimento do Metrô e da CPTM, pelo trânsito. Queria falar com algum vereador para que ele propusesse te dar o título." Eu respondi a ele que não era preciso, que eu já me sentia perfeitamente realizado ao ver, no dia a dia, resultados concretos de todo o esforço realizado: a ciclovia do Rio Pinheiros, estações de Metrô, a CPTM modernizada, vias calmas, enfim. Trabalho não só meu, claro. De todo um time formado por uma plêiade de brilhantes profissionais e amigos.

Mas, confesso, que aquele desejo do meu pai ficou incrustado em algum canto da minha mente.

Tenho muito orgulho de ser amigo do vereador Daniel Annenberg. Daniel é um dos melhores homens públicos que eu conheço. Fomos colegas no governo do Estado de São Paulo, quando o governador Geraldo Alckmin me convidou para ser presidente do Metrô e Daniel foi convidado para ser presidente do Detran e, depois, também fomos companheiros de secretariado na Gestão João Doria e Bruno Covas. Temos muito em comum: um inconformismo com a injustiça, uma visão de um mundo não tão desigual, uma certa revolta com determinadas práticas da política e da gestão pública. Talvez por isso nós dois tenhamos deixado a carreira pública.

Um dia, jantando com Daniel e outros dois amigos em comum e também companheiros de secretariado, Alexandre Schneider e Fernando Chucre, comentei com Daniel a história do título que meu pai tinha sugerido. E, do alto da sua generosidade, Daniel, no ato, disse que iria propor a concessão do título de Cidadão Paulistano para mim, pois concordava plenamente com a justificativa que Seu Rui tinha construído.

Não contei nada ao Seu Rui até que, por unanimidade, o título me foi concedido pela Câmara de Vereadores de São Paulo, em outubro de 2022.

Faltava apenas marcar a data da sessão solene de entrega da honraria. A assessoria de Daniel queria marcar para fevereiro de 2023. Apesar de *o meu pai estar bem, algo me dizia que podia ser tarde. Queria muito a presença dele na sessão solene.*

Depois de muita coordenação com a agenda dos auditórios da Câmara Municipal de São Paulo, logramos acertar a data de 01 de dezembro de 2022.

Infelizmente, dias antes o tumor da suprarrenal crescera um pouco e o médico do Seu Rui decidiu reiniciar a quimioterapia. Conversamos muito, eu, o médico e meu pai, para tentar viabilizar a sua vinda. Me propus a buscá-lo de carro em Curitiba ou trazê-lo de avião. Ele chegou a se animar.

Porém, poucos dias antes, ele começou a sentir os efeitos da quimioterapia e descartamos a sua vinda. A sessão seria transmitida pela rede mundial de computadores e decidimos que ele iria acompanhá-la remotamente.

Na véspera, ainda falamos e ele me disse que não se sentia muito bem.

No dia 01 de dezembro, enviei mensagens com o link para me assegurar de que ele não perderia a transmissão. Escrevi o discurso que está nas próximas páginas deste livro. A sessão foi linda, e pode ser assistida neste endereço: https://www.youtube.com/watch?v=BqJ11KrAnQI&t=2370s.

Escrevi o discurso pensando em fazer uma síntese da minha relação com a cidade de São Paulo e, claro, não pude deixar de mencionar o meu trabalho com a mobilidade urbana da cidade. Por isso, decidi incluí-lo aqui. Como diz Guimarães Rosa: "O que era para ser – são as palavras."

Mas a vida tem suas surpresas, "deveras se vê que o viver da gente não é tão cerzidinho assim", e ao final daquela sessão, meu tio Afonso se aproximou de mim e disse: "O Rui foi internado e, apenas por questões de protocolo, está na UTI".

Soube ali que não houve tempo para ele assistir à homenagem pela qual foi o responsável inicial.

Dois dias depois, no dia 03 de dezembro, o câncer venceu a luta e Seu Rui descansou sem ter assistido à sessão.

130

DISCURSO REDIGIDO E PROFERIDO POR OCASIÃO DA SESSÃO SOLENE DA CÂMARA MUNICIPAL DE SÃO PAULO, EM QUE FOI OUTORGADO AO AUTOR O TÍTULO DE CIDADÃO PAULISTANO, EM 01 DE DEZEMBRO DE 2022

Senhor presidente,
Senhoras e senhores vereadores,
Autoridades,
Meu pai,
Meus filhos,
Meus familiares,
Minha namorada,
Minhas amigas e meus amigos,

Grande Sertão: Veredas

O título do maior romance brasileiro do século XX, escrito pelo inigualável João Guimarães Rosa, a quem, desde logo, rogo as bênçãos, aponta para as contradições da vida. A vida é formada de grandes sertões, de grandes desafios, dores, angústias e sofrimentos. E, na jornada pelo grande sertão da vida, deparamo-nos, vez ou outra, com as veredas. Os pequenos oásis, de água limpa, do verde do grameal, das palmas do buriti, recantos de repouso e prazer. A noite de hoje, senhor presidente, é uma dessas veredas que cruzam o nosso caminho, trazendo alento e profundas alegrias.

Minha primeira palavra, portanto, é de gratidão a Vossa Excelência, pela iniciativa do Projeto de Decreto Legislativo para outorga da honraria que me é, na noite de hoje, entregue. Às vereadoras e aos vereadores da cidade de São Paulo, que, unanimemente, o aprovaram. Às autoridades aqui presentes, que tornam essa cerimônia grandiosa. A todas e todos que aqui comparecem e, também, a todas e todos que nos seguem pela rede mundial de computadores.

Para além do agradecimento, senhor presidente, quero rogar a sua compreensão para que eu possa, quebrando o protocolo desta solenidade, me dirigir ao meu amigo Daniel Annenberg. Amigo que a vida pública me deu, como outra vereda no fundo do sertão. Daniel, minhas amigas e meus amigos, é a tradução perfeita do que podemos chamar de "homem público". Daniel é brilhante como intelectual, é profissional que trabalha com paixão e entusiasmo. Literalmente, Daniel tem um Deus dentro de si, na definição etimológica de entusiasmo. Daniel é íntegro, é desprendido, é republicano. O título que a cidade me outorga é uma honra, imensa por si. Mas receber o título de suas mãos, meu prezado amigo, é a vereda mais límpida e fértil que eu poderia encontrar no caminho.

O título de cidadão paulistano não me é concedido pelos atributos da minha vida privada, tenho consciência disso, senhor presidente. E tenho ainda mais consciência da inconveniência quando fundimos os assuntos públicos com temas privados. Mas não posso deixar, senhor presidente, de pedir desculpas a Vossa Excelência, aos seus pares e a todos que nos acompanham, para iniciar essa breve fala fazendo referência ao que é mais caro na nossa esfera privada, que é a nossa família.

Com a sua tolerância e permissão, quero olhar através daquela câmera, dirigir meu agradecimento a meu pai, o Seu Rui, que está nos acompanhando desde Curitiba e, estou certo, que a emoção que nos conecta, o faz, de forma tão roseana, presente nesta sala. Pai, obrigado por tudo. Pelo exemplo do desprendimento material, dos bons valores, pelas noites embaladas pelo Bugrinho, pelo companheirismo e amizade. Como diria Drummond, meu pai, tem muito do seu queixo no queixo dessa homenagem.

Quero olhar aos céus, senhor presidente, e agradecer à minha mãe, que não teve tempo para estar aqui e compartilhar, comigo e com todos nós, da emoção dessa noite. Mãe, que esteve comigo nos sertões amargos que passei, que foi ternura, dedicação e exemplo. Tenho certeza de que, junto dos nossos que já se foram, você está orgulhosa na noite de hoje. Não há dia, por aqui, Dona Maria Celina, que você não seja saudosamente lembrada.

E, finalmente, olhar para o meu filho, Lucas, aqui presente, e para a minha filha, Ana Luiza, que nos acompanha de muito longe, e dizer que vocês sempre foram a minha fonte mais nobre de inspiração, de obrigação de retidão e de entusiasmo. Eu não estaria aqui se não fossem vocês dois, vocês dois que formam a unidade filial, um só fruto, uma só esperança.

Venho de Curitiba, senhor presidente, onde nasci. Curitiba em tupi pode significar a terra de muitos pinheiros. A terra dos tropeiros e da passagem dos bandeirantes, que iam pelo caminho de Queretiba! E cresci em Campinas, onde estudei e me formei em Direito, terra também de passagem e pouso dos desbravadores dos sertões brasileiros.

O princípio da minha relação com nossa São Paulo, e me encho de orgulho para dizer "nossa", se conecta com aquelas cenas confusas das primeiras memórias da primeira infância. Estava com 4 anos, quando minha família precisou se mudar de Curitiba para viver na meca da indústria automobilística, em São Bernardo do Campo. Lembro-me vagamente, senhor presidente, de quando chegamos à noite, em São Paulo, no longínquo 1975, e me recordo de uma cena que, sem ter nenhuma ideia naquele momento, iria se relacionar com a minha futura vida profissional. Lembro-me do carro do meu pai, passando por obras que eram sinalizadas à noite por baldes, como os baldes de crianças, vermelhos, com a boca virada para baixo e iluminados por luzes internas. Que prenúncio, meu pai. Eram obras da construção da Linha Azul do metrô de São Paulo, ainda não inteiramente concluídas naquela ocasião. Essa é a minha primeira memória de São Paulo: as luzes vermelhas das obras do metrô.

Anos depois, já adolescente, morando na nossa vizinha Campinas, passei a participar, com muito orgulho, do movimento estudantil secundarista, tendo sido eleito, aos 14 anos de idade, para presidir a União Campineira de Estudantes Secundaristas.

São Paulo, para quem morava em Campinas, como eu, era um objeto de desejo. Estar em São Paulo significava estar no centro dos acontecimentos, no palco das grandes decisões. Vir a São Paulo significava o encontro com os companheiros e camaradas de todo o Brasil, o compartilhar dos sonhos, das ilusões, das esperanças, mas também, e fundamentalmente, os debates de como melhor transformar nossas utopias em ações concretas em favor da democracia, da educação pública, da redução das abissais desigualdades e do desenvolvimento sustentável. Agradeço aqui, meus companheiros e minhas companheiras, que naquele tempo me ensinaram quase tudo que sei. E faço isso abraçando a minha querida amiga Sueli Scutti, aqui presente!

Em 2002, eu passo a trabalhar diariamente em São Paulo, quando fui convidado e passei a exercer a função de gerente jurídico do Metrô de São Paulo. Aquele mesmo Metrô da minha primeira lembrança de nossa cidade. Tinha 31 anos, e sempre repito o quão desafiador foi aquele momento para mim. Todos os funcionários da Gerência Jurídica eram mais velhos do que eu. E muitos tinham mais tempo de Metrô do que eu tinha de vida.

No final de 2003, eu já me mudava, com a minha família, para, além de trabalhar, também viver na nossa cidade de São Paulo.

Com meus amigos e companheiros do Metrô, dos quais vejo muitos presentes aqui, naquele período conseguimos retomar as obras da Linha 2, expandindo da Estação Ana Rosa, em direção à Imigrantes, licitamos e assinamos o contrato da obra da Linha 4-Amarela e realizamos a primeira PPP (parceria público-privada) do Brasil, para operação da mesma Linha 4. Também tive a alegria de participar das negociações entre o governo do Estado e a prefeitura de São Paulo, que permitiram uma revolução na mobilidade de São Paulo, a integração tarifária dos ônibus e trens de São Paulo, através do Bilhete Único.

Modernizamos a Gerência Jurídica e criamos o Colégio de Jurídicos das empresas e fundações pertencentes ao Estado de São Paulo.

Em 2007, a convite do governador José Serra, assumi a Diretoria de Assuntos Corporativos do Metrô, com o desafio de acelerar os investimentos na expansão e modernização do metrô. Aceleramos a expansão da Linha 2-Verde, dando seguimento às obras para Alto do Ipiranga, Sacomã, Tamanduateí e Vila Prudente.

Iniciamos as licitações para a expansão da Linha 5-Lilás, que naquela ocasião ligava apenas o Capão Redondo até Santo Amaro.

Um período eletrizante, no qual, ao mesmo tempo em que tínhamos que nos desdobrar para viabilizar a realização de investimentos vultosos na expansão do metrô, tínhamos o desafio de operar um sistema com uma demanda enorme, e que exigia um esforço e um comprometimento descomunais.

Em agosto de 2008, mais uma vez a convite do meu amigo, que muito me honra na noite de hoje, nosso sempre senador Aloysio Nunes Ferreira (que orgulho, Aloysio, da sua trajetória, da sua coerência e de seu compromisso com a democracia, reforçado nas suas posições políticas mais recentes), assumi a Presidência da Companhia Paulista de Trens Metropolitanos. Tinha 37 anos de idade. Olhando desde aqui, eu posso dizer, um jovem. Um tanto destemido, um tanto audacioso e um tanto idealista.

Vivi ali, entre agosto de 2008 e janeiro de 2011 o período, seguramente, mais intenso da minha vida profissional. Conheci uma empresa formada por gente valorosa, gente forjada nas adversidades da ferrovia abandonada pelos governantes, do legado das tradicionais ferrovias paulistas, que moveram nossas riquezas e foram decisivas para fazer de São Paulo a locomotiva do Brasil.

Meu prezado Aloysio, não posso deixar de lembrar do sempre governador Alberto Goldman, que durante aquele período foi um entusiasta da ferrovia e que, por sorte minha, ficou meu amigo, e a quem, hoje, também rendo homenagens e agradecimentos.

Modernizamos todas as linhas existentes, graças a uma inflexão política do então governador José Serra, que enxergava na melhoria do transporte público a melhor contribuição para a qualidade de vida dos brasileiros de São Paulo. A CPTM, naquele período, executou o maior projeto de investimentos de todos os tempos na história da empresa. Realizamos mais de 100 de licitação e gerenciamento de todos os contratos de serviços, obras e fornecimento de equipamentos. Executamos um orçamento de investimentos superior a R$ 5 bilhões. Implementamos um programa de salários variáveis entre a empresa e os funcionários. Desenvolvemos e pusemos em prática uma nova marca, resultado de uma melhoria significativa na percepção da população sobre os serviços prestados. A empresa aumentou sua receita de tarifa de R$ 683 milhões para R$ 981 milhões e sua receita não tarifária de R$ 14 milhões para R$ 23 milhões. Realização de uma drástica redução de despesas, que resultou em um impacto extraordinário nos resultados da Companhia. Além disso, todas as linhas da CPTM melhoraram significativamente na avaliação dos usuários. A tendência foi revertida em todas as linhas, tornando a classificação Excelente/Boa superior a Ruim/Péssima.

Implantamos o Expresso Turístico, devolvendo a São Paulo a tradição das viagens ferroviárias, ligando São Paulo a Jundiaí, Mogi das Cruzes e Paranapiacaba.

Era emocionante, senhor presidente, ver ao mesmo tempo as obras de melhorias, os novos trens, com ar-condicionado, os novos sistemas, e ver os intervalos diminuindo, a demanda aumentando e os índices de avaliação melhorando.

Me lembro, prezado Mário Fioratti, nosso diretor de Operações, e querido Pierrini, das visitas às estações, aos pátios, das viagens nas cabines de trem em longas conversas com os maquinistas, chefes de estação, agentes de estação, de manutenção. Até hoje, quando vou à CPTM, me emociono.

Mas não posso deixar de lembrar, querida Renata Falzoni, a construção e inauguração da Ciclovia do Rio Pinheiros, quando, a partir de uma estrada usada apenas para manutenção da CPTM e da EMAE, construímos aquela que era, na ocasião, a maior ciclovia do Brasil. Hoje, quando vejo milhares de ciclistas ocupando aquele espaço, costumo dizer que fazer aquela ciclovia, não é, Marcelo Machado, foi uma das obras mais importantes das quais participei.

Em janeiro de 2011, a convite do então governador, e hoje vice-presidente eleito da República, Dr. Geraldo Alckmin, voltei ao Metrô de São Paulo para ser o seu presidente. Que honra e que responsabilidade!

Ali, concluímos as obras das estações Luz, Pinheiros, Butantã e Fradique Coutinho, da Linha 4-Amarela, diminuindo tempos de viagem e melhorando a vida de milhares de pessoas.

Ampliamos o funcionamento da extensão da Linha 2-Verde, e demos início às obras da extensão da Linha 5-Lilás.

Falamos de sertão, logo no começo, e neste período também me vi obrigado a enfrentar dores e injustiças que levaram anos para serem corrigidas. Um grande sertão! A injusta acusação da qual fui vítima, veiculada em rede nacional de televisão, foi um golpe duro para quem realizava suas tarefas, se nem sempre com acerto técnico e político, mas todas as vezes com correção e absoluto respeito ao interesse público e à probidade administrativa.

Aprendi, naqueles dias, a lição de Riobaldo, personagem central do romance de Guimarães Rosa:

> *Todo caminho da gente é resvaloso. Mas também, cair não prejudica demais – a gente levanta, a gente sobe, a gente volta! O correr da vida embrulha tudo, a vida é assim: esquenta e esfria, aperta e daí afrouxa, sossega e depois desinquieta. O que ela quer da gente é coragem.*

Nesta noite, não posso deixar de agradecer aos amigos, amigas, familiares, companheiras e companheiros que prontamente se postaram ao meu lado, em solidariedade ou em ações concretas para me defender. Nas pessoas da Alexandra, do Cesar, do Marcão e do Dr. Celso Mori, agradeço a solidariedade, o apoio e a luta incansável para que a justiça fosse feita, o que veio a ocorrer em outubro de 2019, quando fui absolvido, por unanimidade, pelo Tribunal de Justiça de São Paulo.

Em 2017, a convite do prefeito João Dória, voltei ao setor público, para ocupar o cargo de secretário de Mobilidade e Transporte da cidade de São Paulo. Junto a uma equipe maravilhosa, que homenageio na pessoa da agora secretária adjunta das Pessoas com Deficiência, nossa querida Dika, pudemos avançar na pauta de uma mobilidade sustentável, segura e inclusiva. Participamos das negociações que culminaram na aprovação, por esta Câmara de Vereadores, da lei de mudança climática, que determina a eliminação das emissões de gases contaminantes dos ônibus de São Paulo até 2037 e a sua redução em no mínimo 50% até 2027.

Protegemos a rede cicloviária de São Paulo e alicerçamos o caminho para a sua expansão, que podemos ver, agora, já ultrapassando os 700 km.

Lideramos a regulação de transporte de aplicativos, buscando uma maior qualidade e segurança, além de uma justa remuneração à cidade pelo uso do seu viário.

Demos início à implantação, em São Paulo, do programa Visão Zero, para eliminação das mortes e feridos no trânsito da cidade.

Junto ao vereador Daniel Annenberg, na época secretário de Inovação e Tecnologia, reduzimos a burocracia, eliminamos o processo físico e aceleramos a digitalização dos serviços.

Promovemos, até a consulta pública, o edital de licitação dos ônibus de São Paulo, que resultou num contrato com fórmula de remuneração muito mais justa e equilibrada, entre muitos outros avanços.

Em seguida, senhor presidente, a convite do saudoso prefeito Bruno Covas, pude apoiá-lo como seu chefe de Gabinete.

Para concluir, senhor presidente, eu preciso dizer que São Paulo me deu muito mais do que eu pude dar a ela!

Aqui, senhor presidente, eu vivi e vivo os melhores momentos da minha vida. Aqui, senhor presidente, eu conheci, e isso mudou a minha vida, muito de perto as contradições e injustiças do nosso país. Aqui eu descobri que um cidadão nato desta cidade, nascido no Jardim Ângela, tem uma expectativa de vida de 58 anos, e para um outro cidadão nascido no Jardim Paulista essa expectativa é de mais de 80 anos. Estamos falando de uma distância não superior a 14 km, e um diferença de tempo de vida superior a 20 anos.

Esta é a cidade do mundo, cosmopolita, dinâmica e vibrante. Da elite intelectual e econômica. Mas também é a cidade da desigualdade, da exclusão e do sofrimento para milhões que vivem nas periferias, nas favelas e nas vielas.

Essa realidade, senhor presidente, nos desafia a não desanimar e não desistir da nossa cidade. Pelo meu lado, vou trabalhando com afinco e paixão em favor de um sistema de mobilidade que não reduza tempos e distâncias apenas. Mas reduza a brutal desigualdade social. Um sistema de mobilidade que seja sustentável e limpo. Que seja seguro e acolhedor. Que promova inclusão e igualdade.

Porque, minhas amigas e meus amigos, eu acredito que a cidade é o grande palco para a realização de nossas potências, dos nossos afetos e utopias. A cidade é o lugar do conviver, do encontro, do compartilhar. E conviver, encontrar e compartilhar deve ser entre todas e todos, com todas e todos e para todas e para todos.

A minha São Paulo, senhor presidente, e penso que de todos nós, é a São Paulo da Semana de Arte Moderna, do Constitucionalismo, das multidões nas ruas pela anistia e pelas Diretas Já. É a São Paulo que recentemente rejeitou o autoritarismo, o negacionismo, a escuridão cultural e a destruição do meio ambiente.

Como disse o saudoso prefeito Bruno Covas, em uma voz profética, os dias do negacionismo estão contados. Para ser exato, faltam 30 dias.

A nossa São Paulo, senhor presidente, é a:

- do Caetano Veloso

    da deselegância discreta de nossas esquinas

- do Tom Zé

    São oito milhões de habitantes

    Aglomerada solidão

    Por mil chaminés e carros

    Caseados à prestação

    Porém com todo defeito

    Te carrego no meu peito

- dos Racionais MC:

    Milhares de casas amontoadas

    Ruas de terra esse é o morro

    A minha área me espera

Gritaria na feira (vamos chegando!)
Pode crer eu gosto disso mais calor humano
Na periferia a alegria é igual
É quase meio-dia a euforia é geral

- do Geraldo Filme:

  Quem nunca viu o samba amanhecer, vai no Bexiga pra ver,
  Vai no Bexiga pra ver

- do Adoniran:

  Saudosa maloca, maloca querida
  Dim-dim donde nós passemos os dias feliz de nossas vidas
  Saudosa maloca, maloca querida
  Dim-dim donde nós passemos os dias feliz de nossas vidas

- do 365:

  Sem São Paulo, meu mundo é solidão
  Tem dias que eu digo "não"
  Inverno no meu coração
  Meu mundo está em tua mão
  Frio e garoa na escuridão...
  Sem São Paulo
  O meu dono é a solidão
  Diga "sim"
  Que eu digo "não".

A nossa São Paulo é Rita Lee, Mario e Oswald, é Goffredo Silva Telles, é Vladimir e Clarice Herzog, é Mário Covas, é a de Florestan Fernandes, é de Adoniran, a cidade da Elis, da Gal e do nosso imenso Gilberto Gil!

Antes do término, senhor presidente, quero agradecer aos amigos, todos, da Flytour, do Metrô, da CPTM, do Engholm Cardoso, da Progen, da Prefeitura, da Sptrans e da CET, do WRI, do Insper, da BYD, do BID, da Semove, da FlixBus, da Grilo, da Rádio Bandeirantes, da Comunitas, da Awto, do BRT de Sorocaba, da CCR, da Frente Nacional de Prefeitos, da CitaMobi, da NTU, da ANTP, e da Urucuia.

À Natalia, e à sua linda família.

Me despeço, senhor presidente, com o nosso grande Guimarães Rosa:

> *Porque a cabeça da gente é uma só, e as coisas que há e que estão por haver são demais de muitas, muito maiores diferentes, e a gente tem a necessidade de aumentar a cabeça, para o total. Todos os sucedidos acontecendo, o sentir forte da gente – o que produz os ventos. Só se pode viver perto de outro, e conhecer outra pessoa, sem perigo de ódio, se a gente tem amor. Qualquer amor já é um pouquinho de saúde, um descanso na loucura.*

Editor: Fabio Humberg
Capa:Marina Siqueira
Foto da capa: Gabriel Ramos / Unsplash
Diagramação: Alejandro Uribe
Revisão: Humberto Grenes, Cristina Bragato e Rodrigo Humberg

Dados Internacionais de Catalogação na Publicação (CIP)
(Câmara Brasileira do Livro, SP, Brasil)

Avelleda, Sérgio
    Nas trincheiras da mobilidade / Sérgio Avelleda.
-- 1. ed. -- São Paulo : Editora CL-A Cultural, 2024.

    ISBN 978-65-87953-61-8

    1. Acessibilidade urbana 2. Mobilidade urbana
3. Transportes - Administração 4. Transportes -
Medidas de segurança 5. Transportes - Planejamento
I. Título.

24-206924   CDD-388.4

Índices para catálogo sistemático:
1. Mobilidade urbana 388.4

(Aline Graziele Benitez - Bibliotecária - CRB-1/3129)

Editora CL-A Cultural Ltda.
Tel.: (11) 3766-9015 | Whatsapp: (11) 96922-1083
editoracla@editoracla.com.br | www.editoracla.com.br
linkedin.com/company/editora-cl-a/
instagram.com/editoracla |
www.youtube.com/@editoracl-acultural691